编委会

高等职业教育"十四五"规划旅游大类精品教材
福建省职业教育旅游大类示范专业精品教材

总主编

郑耀星　全国旅游职业教育教学指导委员会委员，福建师范大学旅游学院原院长

顾问

刘松林　福建省旅游行业职业教育指导委员会秘书长，福州职业技术学院原副院长

编委（排名不分先后）

林　东	福州职业技术学院文化创意学院院长，教授，省级精品在线开放课程主持人
曾　咪	漳州职业技术学院文化旅游学院院长，教授，省级精品在线开放课程主持人
崔筱力	厦门南洋职业学院外国语与旅游学院执行院长，教授，省级精品在线开放课程主持人
李晓雯	黎明职业大学外语与旅游学院副院长，副教授
黄宇方	闽西职业技术学院文旅创意学院旅游管理专业主任，省级精品在线开放课程主持人
李　心	福建信息职业技术学院文化创意与旅游学院副院长，副教授
周富广	漳州职业技术学院文化旅游学院副院长，副教授，省级精品在线开放课程主持人
叶城锋	泉州职业技术大学文化旅游与体育学院副院长，省级精品在线开放课程主持人
黄朝铭	厦门东海职业技术学院航空旅游学院院长，省级精品在线开放课程主持人
刘少艾	闽江师范高等专科学校人文社科系副主任，省级精品在线开放课程主持人
陈月珍	泉州幼儿师范高等专科学校外语旅游学院导游专业副主任，省级精品在线开放课程主持人
张清影	漳州职业技术学院文化旅游学院副院长，副教授
黄冬群	漳州职业技术学院文化旅游学院副教授
薛秀云	漳州职业技术学院文化旅游学院副教授
李　青	福建信息职业技术学院文化创意与旅游学院副教授，中国职业教育新媒体专业联盟常务理事
严亦雄	福州职业技术学院旅游管理专业副教授，福州市先进教育工作者
佘艺玲	黎明职业大学外语与旅游学院副教授，旅游管理专业带头人
毛爱云	漳州科技学院教育与航空旅游学院副教授
黄丽卿	漳州职业技术学院食品工程学院副教授，省级精品在线开放课程主持人
包晓莉	闽西职业技术学院文旅创意学院副教授
许爱云	厦门南洋职业学院外国语与旅游学院教授
黄斐霞	黎明职业大学外语与旅游学院副教授，省级精品在线开放课程主持人
朱赛洁	厦门南洋职业学院外国语与旅游学院副教授
邢宁宁	漳州职业技术学院文化旅游学院副教授
吴艺梅	漳州职业技术学院文化旅游学院办公室主任
廉晓利	漳州职业技术学院文化旅游学院空中乘务专业主任

高等职业教育"十四五"规划旅游大类精品教材

福建省职业教育旅游大类示范专业精品教材(总主编 郑耀星)

福建省职业教育精品在线开放课程配套教材

酒店信息系统实训

JIUDIAN XINXI XITONG SHIXUN

主 编 周富广

华中科技大学出版社
http://press.hust.edu.cn
中国·武汉

内容提要

本书以酒店前台岗位(群)的工作任务为主线,紧密结合酒店行业服务标准和职业能力要求,内容包括认知酒店信息管理系统以及预订、档案管理、接待入住、收银、夜审和客房管理等12个实训任务,详细介绍了酒店业一线部门工作所需要的前台系统的操作技能与知识要点等。

图书在版编目(CIP)数据

酒店信息系统实训/周富广主编.—武汉:华中科技大学出版社,2023.2
ISBN 978-7-5680-9173-2

Ⅰ.①酒… Ⅱ.①周… Ⅲ.①饭店-商业管理-管理信息系统-高等职业教育-教材 Ⅳ.①F719.2-39

中国国家版本馆CIP数据核字(2023)第019784号

酒店信息系统实训
Jiudian Xinxi Xitong Shixun

周富广 主编

策划编辑:汪　杭
责任编辑:洪美员
封面设计:原色设计
责任校对:李　琴
责任监印:周治超

出版发行:华中科技大学出版社(中国·武汉)　　电话:(027)81321913
　　　　　武汉市东湖新技术开发区华工科技园　　邮编:430223
录　　排:华中科技大学惠友文印中心
印　　刷:武汉科源印刷设计有限公司
开　　本:787mm×1092mm　1/16
印　　张:13.25
字　　数:308千字
版　　次:2023年2月第1版第1次印刷
定　　价:49.80元

本书若有印装质量问题,请向出版社营销中心调换
全国免费服务热线:400-6679-118　竭诚为您服务
版权所有　侵权必究

出版说明
Introduction

伴随着我国经济社会发展在"十四五"期间步入新的阶段,中国的旅游业迎来了转型升级与高质量发展的新局面,并将在推动并形成以国内大循环为主体、国内国际双循环相互促进的新发展格局中发挥独特的作用。

《中国教育现代化 2035》及《加快推进教育现代化实施方案(2018—2022 年)》明确了应推动高等教育内涵发展、形成高水平人才培养体系。"职教二十条"和"双高计划"的相继发布,也对中国旅游高等职业教育的发展提出了新要求。

中国旅游业面临的这些崭新局面,客观上对我国旅游高等职业教育和专业人才培养提出了更高的要求。基于此,出版一套把握新形势、反映新趋势、面向未来的高质量旅游高等职业教育教材迫在眉睫。

教育部直属的全国"双一流"大学出版社华中科技大学出版社汇聚了国内一大批高水平旅游职业院校的资深教授、学科带头人、双师型教师、旅游行业专家以及 1+X 职业技能等级证书评价机构联合编撰了高等职业教育"十四五"规划旅游大类精品教材。本套教材从选题策划到成稿出版,从编写团队到出版团队,从内容组建到内容创新,均做出了积极的突破,具有以下特点。

一、名师团队担任编委

本套教材编写者主要为来自高水平旅游职业院校的资深教授、学科带头人、双师型教师、旅游行业专家以及 1+X 职业技能等级证书评价机构人员。他们有着丰富的执教或从业经验,紧跟教育部、文旅部的权威指导意见,充分整合旅游领域的最新知识点,确保本套系教材的权威性、准确性、先进性。

二、课程思政贯穿全书

本套教材大多数引进"课程思政"元素,落实立德树人的根本任务,在每个学习单元除了设置"知识目标""能力目标"外,还注重"素质目标"和"思政目标",通过案例分析、课后训练等形式,将社会主义先进文化与中华优秀传统文化,以及忠诚担当的政治品格、严谨科学的专业精神等内容贯穿于教材,旨在让学生掌握相关岗位技能操作中必备的思政元素,践行社会主义核心价值观。

三、依托省级精品在线开放课程建设

本套教材大多数有全国各省份的省级精品在线开放课程以及国家精品在线开放课

程的支撑,能够支持适合新学情的 O2O 混合式教学模式。依托各省级精品在线开放课程的在线教学平台,结合导学、在线讨论、在线答疑、在线测试等环节,可实现线上线下教学相融合,可实现以学习者为主体的"教、学、做一体化"。教材与在线开放课程结合,能够让教师的教学更便捷,让学生的学习更主动和可控。

四、校企融合编写贴近岗位实际

本套教材建设伊始即实施了产教融合、校企共同设计与开发的路径,课程和教材建设均注重与企业实际工作过程相对接,与旅游行业代表性企业合作,邀请行业知名经理人以及 1+X 职业技能等级证书评价机构联合编写,从教材顶层设计到分步实施,每一个学习单元都与企业实际典型工作任务对接,既关注旅游基础理论,也重点突出了企业应用的实际。此外,教材还融通了 1+X 职业技能等级证书的知识、案例、真题等。

五、配套丰富教学资源形成立体化教材

华中科技大学出版社为本套系教材建设了线上资源服务平台,在横向资源配套上,提供教学计划书、教学课件、习题库、案例库、参考答案、教学视频等系列配套教学资源;在纵向资源开发上,构建了覆盖课程开发、习题管理、学生评论、班级管理等集开发、使用、管理、评价于一体的教学生态链,打造了线上线下、课堂课外的新形态立体化互动教材。

中国旅游业发展前景广阔,中国旅游高等职业教育任重道远,为中国旅游业的发展培养高质量的人才是社会各界的共识与责任,相信这套凝聚来自全国骨干教师和行业一线专家们的智慧与心血的教材,能够为我国旅游人才队伍建设、旅游职业教育体系优化起到一定的推动作用。

本套教材在编写过程中难免存在疏漏、不足之处,恳请各位专家、学者以及广大师生在使用过程中批评指正,以利于教材水平进一步提高。也希望并诚挚邀请全国旅游院校及行业的专家学者加入这套教材的编写队伍,共同促进我国旅游高等职业教育事业向前发展。

华中科技大学出版社
2022 年 5 月

前言
Preface

当今的时代是一个信息技术和互联网高度渗透、大数据的时代,每一位旅游者和旅游从业者都在享受着信息化带来的便利。数字化经营与信息化管理已经成为新时代酒店业的基本经营方式与管理手段,掌握现代信息管理技术也成为现代酒店业从业人员必备素质之一。《酒店信息系统实训》主要是适应信息化时代需求,培养应用型、复合型的高职旅游专业人才,针对现代酒店前台预订、接待、礼宾、收银等岗位,培养学生星级酒店及酒店集团前台操作系统的技能。

《酒店信息系统实训》是笔者多年来的教学总结,也是国家旅游局(现文旅部)2015年万名旅游英才计划"双师型"培养项目和2018年福建省第三批精品在线开放课程建设成果,编写的初衷是将酒店前台岗位(群)的工作任务实训过程转化为学生的学习用书。实训教材的设计基于职业教育培养学生职业能力和"教、学、做一体化"理念,以项目任务为载体,以实际工作任务构建课程实训内容,实行"教、学、做一体化",以及实践、理论一体化教学。根据酒店前台岗位(群)素质、知识、能力结构的调查分析,在实训项目和工作任务设计上,实训指导书编制紧密结合酒店业服务标准和职业能力要求,设计出酒店前台系统认知、预订、档案管理、接待入住、收银、夜审和客房管理等工作任务,将任务驱动、翻转课堂、演示操作、实训操练等教学手段与方法相结合,构建以任务引领、实操练习为导向的实训项目。

考虑到学生的具体情况,本书的内容设计只简单介绍了酒店管理信息系统的概念、分类和应用等基础理论知识,更多的是酒店业一线部门工作所需要的前台系统的操作技能实训与操作要点知识等内容。本实训指导书主要针对Sinfonia前台教学软件,Sinfonia酒店管理软件具有简单易学、交互性好、信息量大、操作方便等优点。当然,学生在完成工作任务时可以使用Sinfonia、Fidelio、Opera系统,也可以使用国产的西湖软件、中软好泰等。但不同软件系统设置的参数存在差异,如房型为"豪华大床房",Sinfonia系统中为DKN

(Deluxe King),在其他系统中有可能设置为 DKR(Deluxe King Room),应根据实际系统的参数设定来调整操作。

另外,需要说明的是,本书中举例的人名、公司名称、地址、联系方式等均是虚拟的,便于教学示例,不指向任何具体的现实人物或公司等。

本书由漳州职业技术学院周富广副教授编写,除实训前导外,分为 12 个实训项目。书中设计的每个实训项目,都由实训目标、实训内容、实训课时、实训步骤和方法、实训考核与评分、实训小结、实训拓展七部分组成。

实训目标:通过对工作任务的完成,学生应该具备的技能与知识。

实训内容:为达到实训目标,根据酒店岗位设计的具体工作任务。

实训课时:建议完成本实训项目下的工作任务的学时。

实训步骤和方法:每个工作任务的具体操作步骤和方法。

实训考核与评分:每个实训项目的具体考核项目和考核标准。

实训小结:以思维导图形式,总结本次实训操作技能要点和理论知识点。

实训拓展:设计出来的课后实训题,让学生能够进一步熟练掌握相关操作技能和综合灵活运用操作方法。

本书既可以作为高等职业院校、应用型本科院校酒店管理及相关专业的学生用书,也可作为现代酒店前台从业人员培训和自学的参考用书。编写过程中,我们参考了有关专家编写的教材,并借鉴了酒店业等培训资料和案例,在此表示由衷的感谢。由于编者水平有限,行业发展和技术进步日新月异,书中难免存在不足和错误之处,敬请各位专家、同行和读者批评指正。

周富广

2021 年 7 月

目录
Contents

实训前导 认知酒店管理信息系统　　/001

实训 1 Sinfonia PMS 系统概览　　/010

实训 2 档案管理　　/023

实训 3 散客预订　　/035

实训 4 散客预订进阶　　/048

实训 5 预订中费用的处理　　/062

实训 6 团队预订　　/075

实训 7 接待入住　　/092

实训 8	在店客人	/108
实训 9	收银与结账离店	/122
实训 10	转账与结账离店	/139
实训 11	高效抛账与付账操作	/154
实训 12	夜审与客房管理	/165

附录 /180

附录 1　实训项目与课时安排表　　　　　　　　/180
附录 2　《酒店信息系统实训》实训项目设计表　　/181
附录 3　Sinfonia 常用功能键中英文对照　　　　 /185
附录 4　客房及客人状态变化图　　　　　　　　/195

参考文献 /196

实训前导
认知酒店管理信息系统

基础理论

引导案例

市场的争夺已发生改变

一、酒店总体业务流程

酒店业务主要分为前台业务和后台业务两部分。其中,直接为客人提供服务的部门称为前台部门。前台业务包括为客人提供的查询、预订、接待、住宿、餐饮、娱乐、购物等服务。后台部门是指不与客人直接接触的部门,如财务部、工程部、采购部等。后台业务是为了确保前台能够为客人提供满意服务而进行的人力、物力、财力保障工作,安保工作和协调工作。

从对客服务流程角度来看,客人来酒店住店通常会经历预订(Reservation)、入住(Check In)、店内消费与结算(Posting and Settlement)、结账离店(Check Out)4 个阶段,这 4 个阶段的服务涉及前厅部、餐饮部、客房部、康乐部等部门和酒店内的各收银点。在以客户为中心的管理理念指导下,酒店前台对客服务的业务流程是其核心业务流程,其他的业务流程则是其辅助业务流程。酒店会重点关注其核心业务流程并不断进行流程优化的尝试,而其辅助业务流程是支持核心业务流程运作的帮手,二者缺一不可。一般来说,酒店总体业务流程图如图 0-1 所示。

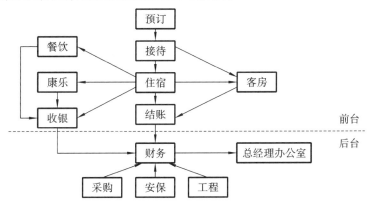

图 0-1 酒店总体业务流程图

二、酒店管理信息系统概述

(一) 酒店管理信息系统的概念

酒店是一个信息密集型行业,每天产生客人预订房间、入住登记、消费、退房等信息。近年来,物联网、智慧客房、语音控制、手机开门、人脸识别等领域蓬勃发展,极大地提高了酒店业的智能化水平。随着信息技术在酒店行业的应用与发展,酒店管理信息系统可以有效地解决酒店对海量信息的处理问题,提高酒店的服务质量和工作效率。

酒店管理信息系统(Hotel Management Information System,HMIS)是管理信息系统在酒店行业中的具体运用,是酒店各部门信息管理工作的计算机化。酒店管理信息系统,是指以酒店员工和计算机等组成的人机系统,它是综合运用计算机技术、数据处理技术、互联网技术、物联网技术、人工智能等先进技术,并集合现代管理思想、方法和手段来辅助酒店员工进行日常运营以及管理和决策的信息系统。它集前台接待系统、酒店客房管理系统(酒店客房管理软件)、酒店员工管理系统、酒店客户管理系统、酒店物品管理系统、酒店订房系统等强大功能于一体。酒店管理信息系统的使用,极大地提高了酒店的服务质量、服务效率和服务品味,降低了酒店工作人员的劳动强度,使酒店管理进入一个新的阶段。酒店管理数字化思维逻辑图如图0-2所示。

引导案例

希尔顿酒店:铺上网络的迎宾毯

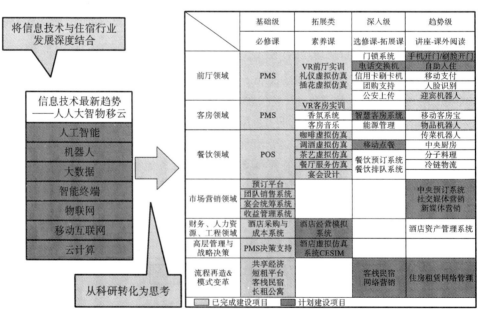

图 0-2 酒店管理数字化思维逻辑图

资料来源 穆林《酒管专业改名!一大波酒店数字化人才正在路上》,https://mp.weixin.qq.com/s/DLBdlArzhaAuNfx_4cXhng

(二)酒店管理信息系统的基本架构

酒店管理信息系统有 B/S、C/S 两种架构。

B/S 架构的全称为 Browser/Server,即浏览器/服务器结构。B/S 架构的产品就是把服务器放在互联网上,使用者通过浏览网页来使用系统。选择 B/S 架构的酒店的所有数据,包括客人住店信息、酒店财务数据等都会通过互联网的服务器保存。这种集中式软件及硬件的设计方式,方便了系统支持及升级,因为所有的系统问题只需在服务器端进行解决即可。但如果服务器遭遇攻击,数据有被窃取的风险,就像"住店信息泄露"事件中的酒店使用的酒店管理软件产品,即为 B/S 架构的产品。Opera 就属于 B/S 架构。

C/S 架构即 Client/Server(客户机/服务器)结构,指酒店将服务器安装在本地,其他机器以安装客户端的形式连接服务器,以实现数据同步。C/S 架构的软件在功能上更完善、更丰富,数据安全更有保障,响应速度也更快。目前,国内在 C/S 领域处于领先水平的有中软等。

(三)酒店管理信息系统的主要模块与功能

酒店管理信息系统通常包含前台接待、前台收银、客房中心、经理财务、后台管理、接口模块、集团管理、OA 协同管理等模块与功能。

前台接待:预订管理、接待管理、会员管理、客房管理、销售管理、报表中心、夜审、消费、外借管理、寄存管理等模块。

前台收银:收银管理、账单管理。

客房中心:哑房管理、维修房管理、房态管理。

经理财务:收银明细、客房入账、客房账单、交班记录、交账记录、操作日志、消费调整、开房统计等功能。

后台管理:基础资料设置、报表设计器、系统参数设置、角色管理、用户管理、后台软件开发编制等功能。

接口系统:电话计费接口、二代身份证接口、会员卡接口、门锁系统接口、银行发票打印接口等。

集团管理系统:中央预订系统(CRS)、集团会员系统、集团报表系统、在线预订系统、集团 OA 即时通信系统、呼叫中心等。

三、酒店前台管理系统

前台是酒店应用管理信息系统最早的部门,前台系统是酒店管理信息系统的重要组成部分。酒店前台管理系统(Property Management System,PMS)主要包括预订管理、入住管理、客房管理、结账、夜审、营销、客史档案、报表打印、总经理查询、后台 A/R 账(A/R 账用于记录旅行社、合同户和其他客户的应收账务管理)、功能分配、角色授权等功能,具体如图 0-3 所示。下面介绍国际上知名的和在我国使用较多的酒店前台管理系统(PMS 软件)。

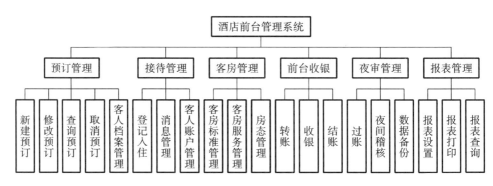

图 0-3　酒店前台管理系统主要功能结构图

(一)国外 PMS 软件

1. ECI(EECO)酒店系统

ECI 系统是美国易可(ECI)电脑公司最早于 1969 年开始开发的酒店管理信息系统,被全世界公认为最早研发的酒店管理信息系统。其主要包括预订、排房、结账、客史资料、餐厅、查询、夜审及市场分析等。鼎盛时期,全世界有 600 多家用户使用该软件,中国有 60 余家,如杭州香格里拉饭店、桂林融创万达文华酒店、广州中国大饭店、北京天伦王朝酒店、青岛海天大酒店等。

2. HIS 酒店系统

酒店业资讯系统有限公司(Hotel Information Systems,HIS)于 1977 年成立,总部位于美国洛杉矶,目前是美国上市公司 MAI Systems Corporation 的全资公司,全盛时期在全世界 80 多个国家拥有 4000 多家用户。中国酒店用户有北京王府饭店、北京中国大饭店、北京长城饭店、上海锦江国际酒店、上海希尔顿酒店、广州花园酒店、浙江世界贸易中心等。在我国香港,采用 HIS 酒店管理信息系统的高星级酒店鼎盛时占全香港酒店的 75% 左右。HIS 酒店管理信息系统采用标准多用户系统,主机采用 IBM 公司的 AS400 小型机,数据库采用 DB2,一般用于高星级酒店。

3. Fidelio 酒店系统

Fidelio Software GmbH 于 1987 年在德国慕尼黑成立,成立 4 年即成为欧洲领先的酒店软件产品,成立 6 年跃居世界酒店管理供应商之首,后来该公司并入美国 Micros System Inc. 公司。目前,该软件已经在全球 16000 余家酒店、豪华游艇和休闲别墅中使用,在国内四星级酒店市场占有 40% 左右的市场份额,在五星级酒店市场占有超过 70% 的市场份额,是在外资或外方管理的酒店采用最多的软件。1998 年,Software 成立中国上海分公司。2003 年,Software 公司与北京中长石基信息技术股份有限公司(简称北京石基公司)签订中国市场(不包括香港、澳门、台湾)独家技术许可协议,北京石基公司全面代理 Software 公司的 Opera 和 Fidelio 酒店管理信息系统在中国的全部销售和售后服务。

4. Opera 酒店系统

Opera 酒店系统是美国 Micros System Inc. 公司对 Fidelio 的全面升级版,Opera 系统主要包括 PMS(前台管理模块)、S&C(宴会与销售管理模块)、ORM(收益分析系统)、ORS(中央预订系统)等。其中,PMS 是 Opera 系统的核心,具有预订、前台、客房、收银、应收、佣金、夜审、报表、统计等功能。Fidelio 与 Opera 在中国的销售由北京石基公司代理。Opera 可以根据酒店的运营方式和规模大小等多样化需求进行合理设置,以契合酒店的实际运作。除单体酒店模式外,Opera 还提供多酒店模式,通过一个共享的数据库,为多个酒店进行数据存取甚至访问。Opera 目前有针对酒店集团和高星级酒店的版本,以及针对中小型酒店的 Opera Express 精简版,已成为国际酒店和国内高档酒店青睐的主流软件之一。

5. OnQ 酒店系统

OnQ 系统是希尔顿酒店自订的 PMS 系统。OnQ 是英文 On-demand Cue 的简称,该系统是希尔顿酒店针对连锁酒店数据共享的需求而设计的,其开发时间长达 6 年,2003 年正式投入使用。系统包括物业管理、客房预订、电子商务、客户关系管理、人力资源、电子学习以及商业智能等功能模块。其核心是 System 21 酒店管理系统,作为一个统一的前端系统,除了完成日常的酒店业务外,还可以透明地访问到由其他后台系统提供的数据,这些系统包括 Focus 收益管理系统、Group 1 客户联络管理系统、E.piphany 客户关系数据分析系统等,同时具有与各种电话计费系统、程控交换机系统、语音信箱系统、高速互联网系统、迷你吧系统、门锁系统、POS 系统、收费电影系统、能源管理系统、客房内传真系统的接口。OnQ 中的 Q 是 Quality(质量)的缩写,代表了希尔顿酒店对服务质量的一贯追求,它可以作为顾客的个人助理,提供个性化服务,提升顾客对酒店的忠诚度,从而使希尔顿酒店能更好地适应高度竞争的市场环境。

(二)国内 PMS 软件

1. 华仪软件

北京华仪软件系统工程有限公司是国内第一家从事饭店计算机管理系统研发的专业公司。创始人金国芬教授于 1979 年为北京前门饭店使用 Basic 语言在单机上研发了一个具有查询功能的饭店管理软件,开创了国内饭店计算机管理的先河。它主要有 3 个版本:DOS 版、HIMS 系统和 HY2000 系统。

2. 中软好泰

北京中软好泰酒店计算机管理系统工程有限责任公司(简称中软好泰)是金士平等人与中国软件与技术服务股份有限公司(简称中软)合作所建的专业从事饭店计算机管理系统研发、推广及服务的专业化公司,它于 1990 年开始推广中软饭店管理系统 CSHIS V1.0。目前,该公司已拥有基于 Dos 与 Windows 平台的两大系列产品,在全国各地拥有 400 余家用户。

3. 西湖软件

杭州西湖软件有限公司(简称西软科技)成立于 1993 年,前身是浙江大学计算机系人工智能研究所下属的一个课题组,从业历史始于 1988 年,现已成为最大规模的国产酒店软件供应商。目前,其推出的 FOXHIS 系列产品已成为国内用户数最多(近 700 家)、高星级用户最多(150 家)、用户增加最快(月均 14 家)的饭店管理软件。该公司于 2006 年与北京中长石基信息技术股份有限公司合并。

4. 千里马饭店管理系统

千里马饭店管理系统最初由广东劳业计算机系统开发公司于 1993 年推出 Dos 版,

1998年推出Windows版(采用C/S结构,利用VB开发,采用Windows NT/2000平台,使用SQL Server数据库),目前有300家左右饭店用户,主要分布在广东、湖北、湖南、四川等。广东劳业计算机系统开发公司于1998年被香港万达科技有限公司收购,改名为广州万迅电脑软件有限公司。

5. 杭州绿云

杭州绿云软件股份有限公司(简称杭州绿云)总部位于杭州,从事酒店行业近30年,是最早的中国PMS行业的开拓者。截至2020年,为中国18000余家酒店提供高质量和标准化的服务,是中国专业致力于酒店业信息化平台研发、服务和运行的高科技企业。杭州绿云依托多年服务中国酒店业的技术积累,与Opera和Simphony的研发团队精诚合作,共同打造iHotel整体解决方案,提供满足中国酒店市场需要的产品和服务。杭州绿云PMS系统包含PMS、CRS、CRM、LPS、POS等应用业务功能,均为一体化云架构设计。杭州绿云PMS系统包括预订、接待、收银、Housekeeping、A/R账、夜审、报表等丰富而便捷的功能模块,有标准版、商务版、快捷版,已在连锁酒店集团、五星级酒店、中档商务型酒店、经济型酒店和高端客栈民宿中应用,是国内为数不多的适合大住宿全业态使用的云PMS产品。

6. 北京石基公司

1998年,李仲初创办北京中长石基网络系统工程技术有限公司,专门从事酒店信息系统的研究与开发,2001年该公司改制为股份有限公司(北京石基公司)。自2003年,北京石基公司与Micros公司签订中国市场(不包括香港、澳门、台湾)独家技术许可协议,全面代理了Micros公司Fidelio和Opera在中国大陆地区的全部销售。

知识链接

中国PMS软件品牌推荐

实训任务

酒店管理信息系统是管理信息系统在酒店管理中的具体运用,是在充分把握酒店信息处理流程的基础上,进行信息采集、归类、整理,从而达到集中统一地管理酒店信息及其流向的软件,以辅助酒店经营者进行管理和决策。前台是酒店的信息中心,也是建立良好宾客关系的重要环节。酒店管理信息系统中常见的就是前台管理系统PMS。

本实训主要熟悉酒店管理信息系统的概念及其主要功能与模块,查询常见的国内外酒店前台管理系统。

一、实训目标

1. 熟知酒店管理信息系统的概念、功能;
2. 掌握PMS系统在酒店管理信息系统体系中的位置和作用;
3. 了解国内外常见的PMS系统;
4. 理解信息系统对酒店行业的作用;
5. 正确分析各PMS系统的优劣,为不同规模的酒店选择合适的酒店管理信息系统。

二、实训内容

工作任务001:查询酒店管理信息系统的定义、架构和主要功能模块
工作任务002:查询常见的国外酒店管理信息系统
工作任务003:查询常见的国内酒店管理信息系统

三、实训课时

2学时。

四、实训步骤和方法

每个班级分成若干小组,每个小组4—7人,分别扮演组长、文员、技术人员和操作员,完成本次实训任务。请完成小组作业,回答下列问题:

1. 酒店管理信息系统的定义是什么?

2. PMS是什么英文的缩写?它的主要功能是什么?

3. 常见的国外酒店前台管理系统有哪些?

4. 常见的国内酒店前台管理系统有哪些?

5. 寻找关于北京中长石基信息技术股份有限公司、杭州绿云软件股份有限公司的相关信息,并思考:为什么在酒店信息系统行业中这两家公司非常重要?

五、实训考核与评分

(一)考核项目

1. 酒店管理信息系统的定义、架构和主要功能与模块;

2. 查询常见的国外酒店管理信息系统;
3. 查询常见的国内酒店管理信息系统。

(二)实训评分(见表 0-1)

表 0-1 实训评分

序号	评价类型	评价内容	分值	评分
1	过程评价(50 分)	参与讨论	10	
2		工作数量	10	
3		工作质量	10	
4		对外沟通	10	
5		团结协作	10	
6	结果评价(50 分)	酒店管理信息系统的定义、架构和主要功能与模块	20	
7		查询常见的国外酒店管理信息系统	15	
8		查询常见的国内酒店管理信息系统	15	
		合计	100	

六、实训小结

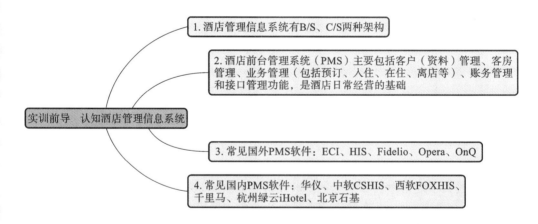

七、实训拓展

工作任务:认识酒店管理信息系统

1. 课后分组调查你所在的城市或省内主要酒店(集团)使用的前台管理系统名称、主要功能与模块,完成表 0-2 中的内容。

表 0-2　酒店（集团）前台系统情况表

酒店（集团）名称	前台系统名称	系统语言中文/外文	主要功能与模块	是否有微信预订功能	省内/城市使用该系统的酒店数

2."五一"假期即将到来，你最希望去哪里旅游？选择你所调查的一个酒店（集团），通过网站访问或者公众号尝试预订一间房间，记录一下工作人员向你询问了哪些信息。最后你得到的价格是多少呢？

注意：仅仅是"尝试"就好了，为了不增加酒店（集团）的工作，同时也防止我们的电话被别人拨打时引起尴尬，我们应该在预订的最后一步选择"取消"。

实训 1
Sinfonia PMS 系统概览

  Sinfonia 是北京石基公司通过购买美国 Micros 的 Fidelio 源代码，在 Fidelio 源代码基础上针对中国用户重新开发出来的 PMS 系统。Sinfonia PMS 系统包括预订、前台接待、客房管理、财务、夜审及系统设置等管理模块，以及丰富的第三产品接口和中央预订系统接口，为酒店提供一个开放的、高度集成的信息管理平台。以 Sinfonia V2.0 版本为例，系统包括 Sinfonia（主程序）、Night Audit（夜审）、Fconig（系统维护）、Wfindex（数据库重新索引）、Windbx（数据库编辑程序）等子程序，这些子程序相互关联，提供酒店日常管理、运营等各方面功能。

  本实训任务主要是完成 Sinfonia PMS 系统登录，熟悉 Sinfonia 系统主界面，了解常见的快捷键及其在酒店服务中的作用。

一、实训目标

1. 熟悉 Sinfonia 系统的启动、登录、注销和退出操作；
2. 熟悉 Sinfonia 系统的主界面、功能区域的划分及操作方法；
3. 深刻理解 PMS 系统时间与实际时间的关系及其与酒店经营的关系；
4. 熟悉各快捷键组合，了解快捷键的作用。

二、实训内容

工作任务 101：Sinfonia 登录、主界面概览与退出
工作任务 102：Sinfonia 日期与 Windows 系统日期
工作任务 103：Sinfonia 的用户权限
工作任务 104：Sinfonia 的快捷键

知识链接
某酒店新员工岗前培训计划

三、实训课时

2 学时。

四、实训步骤和方法

➢ 工作任务 101：Sinfonia 登录、主界面概览与退出

◇ 操作方法

在使用 PMS 系统之前，用户首先要启动 PMS 系统。登录 Sinfonia 主程序后，输入有效的用户名和密码，便可进入 Sinfonia 系统。

注意：在系统里做的任何操作都将会留下操作者的签名，这就是 PMS 系统设计时遵循的"谁的 Code 谁负责"原则。

(1) 启动 Sinfonia 主程序。

通常，你可以在下列位置找到 Sinfonia 的主程序：

①在桌面双击 Sinfonia 快捷图标；

②在开始菜单的程序中找到 Sinfonia 程序；

(2) 如图 1-1 所示，在 User I.D.（用户名）中输入"TRAIN"，在 Password（密码）中输入"TRAIN"，点击【Login（登录）】按钮登录系统，查看系统弹出的对话框。

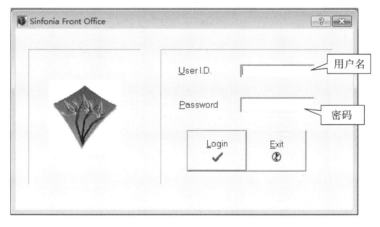

图 1-1　Sinfonia 系统登录

PMS 系统准备工作

(3) 重新输入用户名（如 TRAINER）和密码（如 TRAINER），点击【Login（登录）】按钮登录系统，查看系统弹出的对话框。

(4) 完成首次登录后，查看登录用户名是什么？系统版本号是什么？Sinfonia 系统时间是什么？

登录之后，可看到如图 1-2 所示 Sinfonia 系统主界面。

(5) 再次启动 Sinfonia 主程序，可以看到什么对话框？该对话框的作用是什么？在查看信息完毕后，点击【No（否）】按钮取消登录。

(6) 请检查是否可以看到 Sinfonia 的菜单。如果系统未显示菜单，在功能按键区空白处点击鼠标右键，选择【Show Menu（菜单显示）】，如图 1-3 所示。

西软登录

图 1-2　Sinfonia 系统主界面示意图

图 1-3　调出菜单显示功能

(7) 按快捷键 F1 调出 Sinfonia 系统的帮助功能。

(8) 设置新密码(请务必记住)。

①点击【设置(Set Up)】→选择【用户设置(User Configuration)】→出现【自定义菜单(Customize Menu)】对话框,如图 1-4 所示。

②点击【修改密码(Change Password)】,如图 1-5 所示。在【修改密码(Change Password)】对话框中输入当前密码(Current Password)、新密码(New Password)等,点击【确认(OK)】,完成新密码设置。

(9) 退出 Sinfonia 系统有 3 种方法:点击左上角【退出(Exit)】按钮;点击右上角【关闭(Close)】按钮;按快捷键"Alt+F4"。

(10) 再次登录 Sinfonia 系统,输入新密码登录系统。为避免其他用户下次登录本电脑 Sinfonia 系统不知之前设置的密码,请将 Sinfonia 系统密码重置为"TRAINER"。

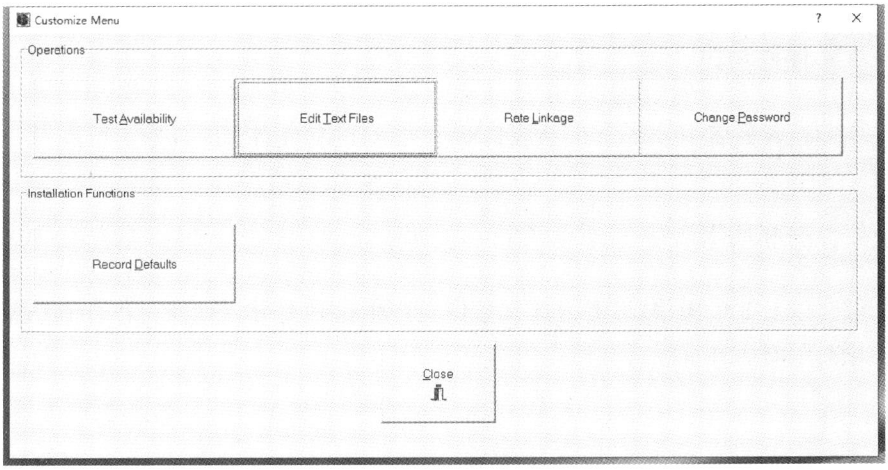

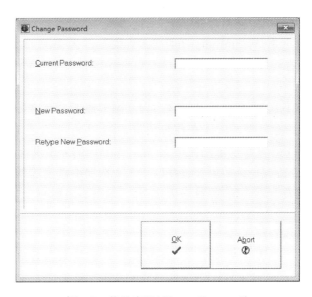

图 1-4　自定义菜单(Customize Menu)

图 1-5　修改密码(Change Password)

➢ 工作任务 102：Sinfonia 日期与 Windows 系统日期

◇ 操作方法

（1）登录 Sinfonia，查看当前 PMS 日期和 Windows 系统日期分别为哪一天，并思考这两个日期是否存在差别。

（2）退出 Sinfonia，将 Windows 系统日期修改为与 Sinfonia 日期一致。再次登录 Sinfonia，查看当前的 Windows 系统日期为哪一天、当前的 Sinfonia 日期为哪一天。请思考两者是否存在差别，这说明了什么？

（3）再次退出 Sinfonia，将 Windows 系统日期修改为今天。再次登录 Sinfonia，查看当前的 Windows 系统日期为哪一天？当前的 Sinfonia 日期为哪一天？请思考两者是否存在差别，这说明了什么？

操作技巧

在实际运营酒店中,Sinfonia 系统日期=实际日期(或者实际日期-1)。

分析思考

1. 综合以上 3 个操作,思考为什么它们会产生这种差异。你能得出什么结论?这样的结论对于酒店日常经营有何作用?

2. 据酒店情境,回答下面案例问题:前厅部员工 Linda 在凌晨 2:15 值夜班时,客人 Tom 前来办理入住,但 Linda 发现 Sinfonia 日期还是前一天,那么 Linda 应当如何处理此事?请在以下 4 个选项中做出选择。

   A. 让客人晚点再来,等 Sinfonia 日期变了再说

   B. 拒绝为客人办理手续

   C. 不考虑日期问题,为客人办理手续

   D. 为客人办理手续,办理之后及时联系大堂副理或者电脑房员工处理

3. 假设现在是凌晨 4:00,Linda 在前台值班,客人 David 因赶 6:30 航班现在需要办理离店手续,但 Sinfonia 日期还是前一天,此时 Linda 如果未发现,直接给客人 David 办理离店手续。这会造成什么后果?请在以下 3 个选项中做出选择。

   A. 多收一天房费   B. 少收一天房费   C. 不影响

知识活页

Sinfonia 系统是北京石基公司在 Fidelio 源代码基础上针对中国用户重新开发出来的 PMS 系统,包括预订管理、前台管理、客房管理、收银管理、夜审等模块与功能,如图 1-6 所示。

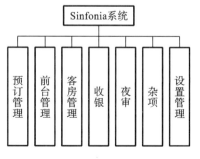

图 1-6 Sinfonia 系统主要功能结构

1. 预订管理模块

通过预订管理，能够有效地管理酒店的宾客预订。酒店的客人一般分为散客和团队，其预订流程是不同的，PMS 系统提供了 New Reservation 与 Block 功能模块，分别实现散客和团队的预订管理。预订管理模块还包括客史档案管理。

2. 前台管理模块

通过使用该模块，可以大大缩短为客人办理入住的时间，从而提高客人的满意度。同时，便捷的操作，包括快速为客人办理入住、换房手续以及进行信息传递、预排房等，也大大减轻了前台员工的工作负担，提高了他们的工作效率。

3. 客房管理模块

该模块可以保证酒店客房部和前台的员工了解到实时的房态信息，包括净房、脏房、在检查的客房、已分配客房、需要大修的客房和小修的客房等。这些信息将帮助酒店把房态冲突的可能性降到最低，从而有效地提高酒店客房出租率和收益。同时，酒店服务人员也可以有效地安排客房的清洁工作。

4. 收银模块

收银模块高效安全，并适用于酒店涉及的入账操作，包括转账、分账及详细的分转账目的历史记录。前台或相关收益部门的员工在十分易懂的系统提示下，即可完成交易的全部过程——快速抛账，从而简化操作流程、减少错误。收银模块的运用，既能简化入账方式，同时还可保证交易的安全性，以及有效减少坏账、跑账等情况发生，保障酒店的经营权益。

5. 夜审模块

使用该模块，酒店可以省去夜审员工每晚审核酒店收入的工作。酒店可以选择在任何时间进行收入审计，并随时对某个工作日的营业收入做调整，即便对于夜审的营业收入账目的审计也可如此。当然，一旦完成了某日的收入审计，收入额就被锁定，这就保证了酒店报表的准确性。因此，使用夜审模块，可以在没有财务员工监管的情况下直接进行，从而可以使酒店实现岗位精简、降低营业成本的目的。

6. 杂项模块

除上述主要功能外，Sinfonia 系统为了支持酒店的信息化管理流程，还提供了杂项模块，以协助酒店进行日常管理工作。杂项模块主要有报表、接口管理、快捷键等功能。

7. 设置管理模块

该模块包括窗口、按钮、用户、显示器等的设置。

➢ 工作任务 103：Sinfonia 的用户权限

分别使用如下用户名和密码（见表 1-1）登录系统，查看预订（Reservations）、前台（Front Desk）、收银（Cashiering）、客房管理（Rooms Management）下有哪些子菜单可以使用。系统中，黑色显示表明有这些功能，灰色显示表明当前所登录的用户没有此项功能。

表 1-1　酒店用户岗位账号和密码

用户名	密码	模拟用户岗位
TRAINERRES	TRAINERRES	预订员
TRAINERHSK	TRAINERHSK	客房部员工
TRAINERREC	TRAINERREC	前台接待员
TRAINERCAS	TRAINERCAS	收银员
TRAINER	TRAINER	系统管理员

将不同岗位的权限填写在表 1-2 中，如果有此权限，则在对应项目打"✓"，否则打"×"。

表 1-2　用户权限与功能按键

主功能按键	子功能按键	预订部员工（TRAINERRES）	客房部员工（TRAINERHSK）	大堂副理（TRAINERAM）	系统管理员（TRAINER）
预订（Reservations）	New Reservation				
	Update Reservations				
	Groups				
	Waitlist				
	Profiles				
	Events				
前台（Front Desk）	Arrivals				
	In-House Guests				
	Room Blocking				
	Messages				
	House Status				
	House Accounts				
	Q-Rooms				
收银（Cashiering）	Billing				
	Posting				
	Cashiering				
	Close Cashier				

续表

主功能按键	子功能按键	预订部员工（TRAINERRES）	客房部员工（TRAINERHSK）	大堂副理（TRAINERAM）	系统管理员（TRAINER）
收银（Cashiering）	Passer By				
	Quick Check Out				
	Receivables				
	Travel Agent Processing				
	Balance POS				
客房管理（Rooms Management）	Housekeeping				
	Out of Order/Service				
	Room Assignment				
	Room History				
	Overbooking				
	Attendants				
	Housekeeping Q-Rooms				
	Occupancy Graph				

◇ **操作方法**

按表 1-1 提供的不同岗位员工的账号和密码登录，分别点击预订（Reservations）、前台（Front Desk）、收银（Cashiering）、客房管理（Rooms Management）子菜单，查看相应权限。

注意：TRAINER 作为系统管理员，拥有最全的功能。

▶ **工作任务 104：Sinfonia 的快捷键**

快捷键可以使用户不用操作鼠标而使用键盘按键或按键组合来调用功能。Sinfonia 中常用的快捷键，可以在主菜单"Quick Keys"中调用，通过"Ctrl+Q"调出快捷菜单（见图 1-7、图 1-8）。

尽管快捷键所实现的功能均可以通过鼠标点击来实现，但酒店却将熟练掌握快捷键作为优秀员工的标志，万豪集团对快捷键的评价是"the key to success"。使用快捷键的优势在于不需要退出用户当前使用的功能，而且快捷键的应用能大幅度减少员工对鼠标的使用，解放员工的双眼，使之可以看向顾客，与顾客进行眼神交流，将更多的精力投入对客服务中，提高对客服务的质量。

图 1-7　使用主菜单调出快捷键功能

图 1-8　使用"Ctrl＋Q"调出快捷键功能

◇ 操作方法

（1）快捷键作为 Sinfonia 中一项非常重要的功能，能够极大地提高员工的工作效率，并改进工作模式，从而提高服务质量。但是在 Sinfonia V2.0 的版本中，有不少快捷键与 Windows 常用软件 Word 快捷键发生冲突。请查询相关资料，对比分析表 1-3 中快捷键在 Sinfonia V2.0 和 Word 中的不同功能。

表 1-3　Sinfonia 系统和 Word 快捷键比较

快捷键	Sinfonia 功能	Word 功能
Ctrl ＋ A		
Ctrl ＋ F		
Ctrl ＋ H		
Ctrl ＋ N		
Ctrl ＋ O		
Ctrl ＋ P		
Ctrl ＋ Z		

（2）通过上面的对比,我们发现 Sinfonia 快捷键与 Word 快捷键存在许多重复,这样的设置可能会在使用中造成理解上的困难。为了避免冲突,Sinfonia 的后续系统 Opera 在快捷键的设定上做了大量的修改,具体设定如表 1-4、表 1-5 所示。

表 1-4 Sinfonia 系统和 Opera 快捷键比较

功能	Sinfonia 快捷键	Opera 快捷键	说明
Help	F1	F1	在线帮助
Occupancy Graph	Ctrl+G	Shift+F1	酒店出租率曲线
Control Panel	Ctrl+P	Shift+F2	控制面板
Detailed Availability	Ctrl+D	Ctrl+F2	每个房型在将来每天的可卖房情况
House Status	Ctrl+H	Shift+F3	房间状态
Floor Plan	Ctrl+F	Shift+F5	楼层图

表 1-5 Sinfonia PMS 快捷键

快捷键	中英文注释	快捷键	中英文注释
Ctrl+A	Arrivals 客人入住操作	Ctrl+N	New Reservation 新建预订
Ctrl+B	Billing 快捷登录收银系统	Ctrl+O	Telephone Operator 总机
Ctrl+D	Detailed Availability 每个房型在将来每天的可卖房情况	Ctrl+P	Control Plan 控制面板
Ctrl+E	Posting 抛账、入账	Ctrl+Q	Quick Keys 调用快捷菜单
Ctrl+F	Floor Plan 楼层平面图	Ctrl+R	Rate Plan Query 房价查询
Ctrl+G	Groups 新建团队对话框	Ctrl+S	Room Search 查询房间
Ctrl+H	House Status 房态	Ctrl+T	Information Book 信用调查本
Ctrl+I	In-House Guests 查询在店客人信息	Ctrl+U	Update Reservations 更新预订信息
Ctrl+J	Calendar 日历	Ctrl+W	Arrivals/Stay Overs/Departures 抵达/过夜/离开
Ctrl+K	Internal Use 内部使用	Ctrl+Y	Occupancy Graphy 客房占用图示
Ctrl+L	Room Rack 当前房态图	Ctrl+Z	Calculator 计算器
Ctrl+M	Messages 客人留言		

五、实训考核与评分

(一)考核项目

1. 快速启动、登录 Sinfonia 系统,注销和退出 PMS 系统;

2. 区分辨别 Sinfonia 系统的主界面、功能区域；

3. 理解 PMS 系统日期与实际日期的关系及其与酒店经营的关系；

4. 理解不同身份登录 PMS 系统权限的不同；

5. 利用快捷键提高酒店服务质量。

(二)实训评分(见表 1-6)

表 1-6　实训评分

序号	评价类型	评价内容	分值	评分
1	过程评价（50 分）	参与讨论	10	
2		工作数量	10	
3		工作质量	10	
4		对外沟通	10	
5		团结协作	10	
6	结果评价（50 分）	快速登录、注销和退出 PMS 系统	10	
7		熟悉 PMS 系统的主界面、功能区域	15	
8		理解 PMS 系统日期与实际日期之间的关系	15	
9		会常用的 PMS 系统快捷键	10	
合计			100	

即测即评

Sinfonia PMS 系统概览

六、实训小结

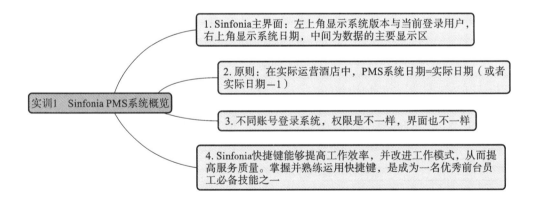

七、实训拓展

请尝试登录其他 PMS 系统，如 Opera 系统界面(见图 1-9)、西湖软件系统界面(见图 1-10)、中软好泰系统界面(见图 1-11)，熟悉 PMS 主界面、功能区域划分等，比较各 PMS 系统的功能差异和界面设置的不同。

实训 1　Sinfonia PMS 系统概览

图 1-9　Opera 系统界面

(a)

图 1-10　西湖软件系统界面

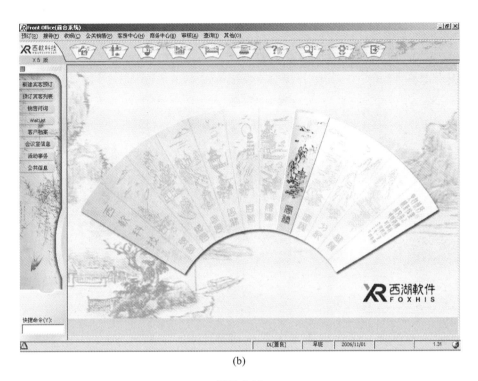

(b)

续图 1-10

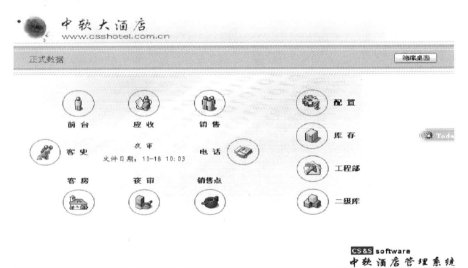

图 1-11 中软好泰系统界面

实训 2 档案管理

Sinfonia 系统提供客户资料记录功能,全面记录个人(Individual)、(协议)公司(Company)、旅行社(Travel Agent,Agent 或 T/A)、预订代理或预订中心(Reservation Source)、团队(Group 或 Group Master)档案(Profile)。客人档案资料包括客人名字、地址、电话、会员信息、住店历史信息及在酒店消费情况统计、客户偏好和其他相关数据。可见,档案是 Sinfonia 系统数据的主要来源,是整个 Sinfonia 工作的基础。

本实训任务主要是模拟档案管理模块操作,包括新建(New)、查找(Search)、修改或编辑(Edit)、删除(Delete)、合并(Merge)、黑名单(Blacklist)档案,理解档案在 Sinfonia 系统的重要作用,能利用 Sinfonia 系统档案为客人提供优质服务。

一、实训目标

1. 理解 Sinfonia 系统中英文支持的区别;
2. 了解 Sinfonia 系统中档案的类型及其作用,包括个人、(协议)公司、旅行社、预订代理或预订中心、团队;
3. 熟练掌握不同类型档案的新建、查找、修改或编辑、删除、合并、黑名单操作;
4. 理解档案与为散客提供优质服务、个性化服务的关系;
5. 熟练利用 Sinfonia 系统档案为客人提供优质服务。

二、实训内容

工作任务 201:个人档案的新建、查找与修改
工作任务 202:其他类型档案的建立、修改
工作任务 203:档案的删除与合并
工作任务 204:生成档案报表

行业案例

记住客人的姓名

知识链接

西软 C7 系统基础知识

三、实训课时

2 学时。

四、实训步骤和方法

➢ **工作任务 201**:个人档案的新建、查找与修改

任务情境 1:

请用自己姓名的汉语拼音建立一个个人类型档案,客人说中文,需要录入中文姓名、联系地址与电话,生日是 2 月 8 日,年龄 20 岁,保留客史,不接受酒店任何信息,不吸烟。

◇ 操作方法

点击【预订(Reservations)】→选择【档案(Profiles)】→在【Last Name】栏输入自己的姓(英文,如 Zhou,第一个字母大写),【First Name】栏输入自己的名→点击【Search】按钮,系统搜索不到自己的档案。然后选择【新建档案(New Profile)】→在弹出的档案类型选择对话框中选择"Individual"类型(见图 2-1)。在个人档案信息录入对话框中输入相关信息(见图 2-2)→最后点击【保存(Save)】,完成自己的档案建立。

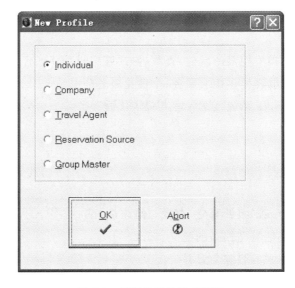

图 2-1 档案类型选择对话框

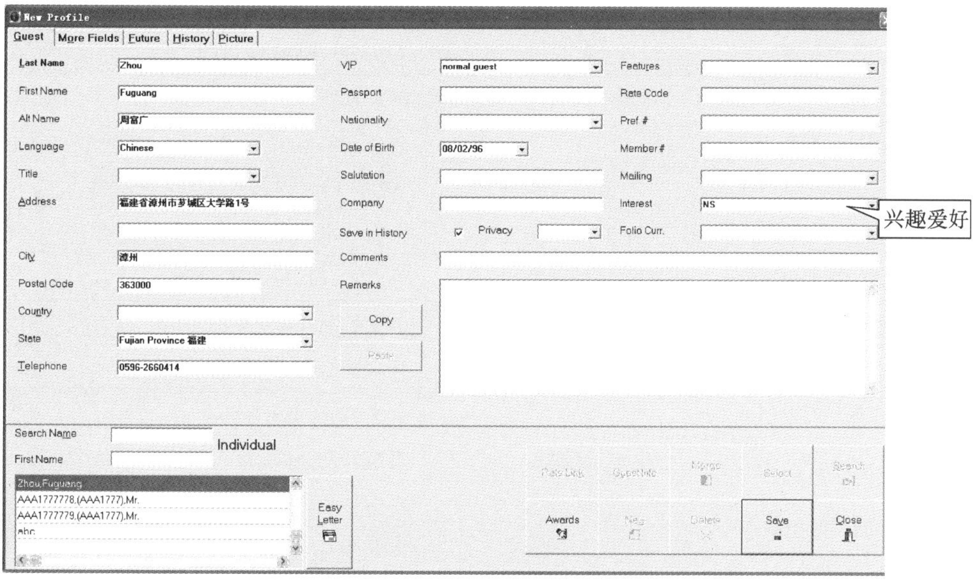

图 2-2 个人档案信息录入对话框

操作技巧

在 Fidelio/Sinfonia/Opera 系统中，Name（Last Name，Guest Name）永远填姓，First Name 永远填名，且只能是英文。

知识活页

档案是 Sinfonia 系统中大多数数据的来源，是整个 Sinfonia 工作的基础。档案是指记录的关于散客、（协议）公司、旅行社、预订来源和团队等客户的基本资料，包括曾经入住和已经预订的信息。档案由基本的信息组成，如散客（公司或协议、旅行社）的名字、地址、语言、联系电话，以及当前和曾经入住的酒店年统计数据信息。

Sinfonia 系统包括 5 种档案：个人、（协议）公司、旅行社、预订代理或预订中心、团队。预订代理或预订中心档案，如携程、艺龙、飞猪等 OTA 客户在酒店订房，这类平台一般跟酒店签订客房代理合同，会有一定的折扣优惠。

任务情境 2：

漳州水仙宾馆市场营销部获取了竞争对手漳州水仙大酒店几位重要客人的信息，总监让你将获取的信息录入 Sinfonia 系统中。请登录并完成该任务，客人信息如表 2-1 所示。

表 2-1　客人信息

中文名:大卫·乔治		英文名:David George
国籍:英国	出生地:伦敦	出生日期:1975 年 5 月 2 日
语言:英文	头衔:Mr.	地址:Sir Matt Busby Way,Old Trafford,GB-MANCHESTER,M16,ORA
上年度消费金额:1100000 元		喜欢的水果是:香蕉
中文名:迈克尔·伍兹		英文名:Michael Woods
国籍:美国	出生地:加利福尼亚	出生日期:1975 年 12 月 30 日
上年度消费金额:700000 元		喜欢的水果:香蕉
中文名:罗杰·贾巴尔		英文名:Roger Jabbar
国籍:瑞士	出生地:巴塞尔	出生日期:1981 年 8 月 8 日
上年度消费金额:400000 元		业余爱好:喜欢住 5 层以下、面向花园的安静房

◇ 操作方法

(1)对于外国客人,如大卫·乔治(David George),在【Last Name】栏输入"George",【First Name】栏输入"David"。

(2)上年度消费金额和业余爱好这类信息如果无法在相应栏目下选择,可以在【备注(Remarks)】栏输入。

任务情境 3:

通过了解,客人罗杰·贾巴尔(Roger Jabbar)住店要求:保密性极高,以免让球迷骚扰;饮食比较清淡;喜欢安静房、禁烟房。请将获取的信息录入系统中。

◇ 操作方法

点击【预订(Reservations)】→选择【档案(Profiles)】→在【Last Name】栏输入"Jabbar",【First Name】栏输入"Roger"→按【Search】按钮,系统搜索到贾巴尔的档案。在档案搜索对话框中双击贾巴尔的档案或者点击【Edit】,弹出档案信息对话框,分别修改【兴趣爱好(Interest)】和【备注(Remarks)】栏(见图 2-3),修改完后点击【保存(Save)】。

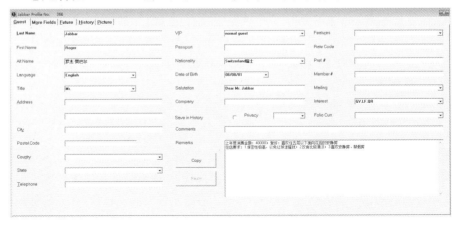

图 2-3　修改贾巴尔客人的档案

分析思考

客户档案丢失对于竞争对手会造成什么损失？如果你是酒店的管理人员，你会采用什么样的措施来防止酒店档案的丢失？

➤ 工作任务202：其他类型档案的建立、修改

任务情境1：

漳州水仙宾馆与漳州职业技术学院（Full Name：Zhangzhou Institute of Technology），简称漳职院，签订了一年合同，有效期为2010-01-01—2010-12-31，合同价为CORP2。请新建一个公司类型档案，存储漳职院（Search Name：ZZY）的主要信息，包括地址、电话、传真等。

◇ **操作方法**

点击【预订（Reservations）】→选择【档案（Profiles）】→在【Last Name】栏输入"ZZY"→点击【Search】按钮，系统搜索不到ZZY的档案。选择【新建档案（New Profile）】→在弹出的档案类型选择对话框中选择"Company"→在档案信息录入对话框中输入相关信息（见图2-4）→最后点击【保存（Save）】，完成漳州职业技术学院的档案建立。

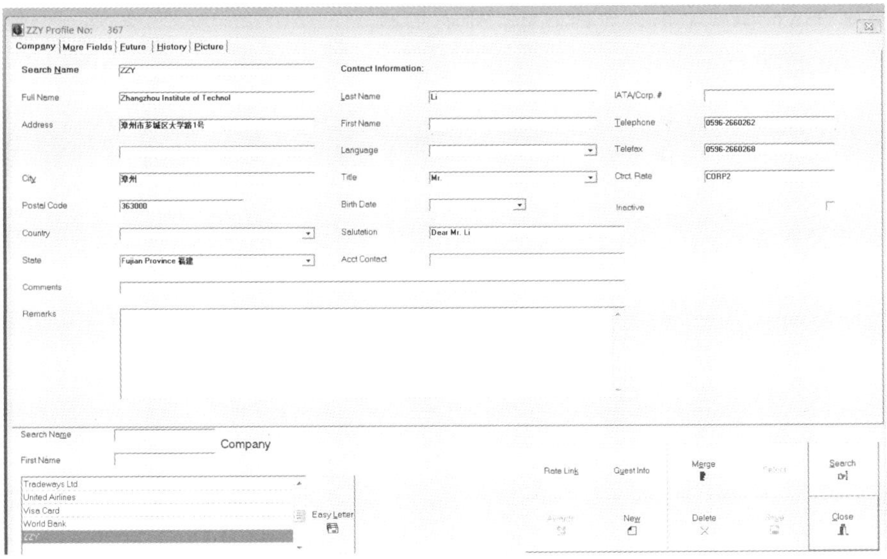

参考答案
知识链接

个人档案
附加信息

图2-4 漳州职业技术学院档案信息录入对话框

任务情境2：

假设漳州水仙宾馆和中国最大的旅行社——香港中旅国际投资有限公司，英文全称为China Travel Service(HONG KONG)Limited(CTSHK)，简称港中旅，签订了客房销售合同。请新建一个旅行社类型档案，存储该旅行社的信息，港中旅主要信息如表2-2所示。

表 2-2　港中旅档案信息

序号	英文项目	中文项目名	信息
1	Customer Service Hotline	客服电话	(852) 29987888
2	Fax	传真号码	(852) 27499648
3	E-mail	电子邮件	enquiry@ctshk.com
4	Contact	旅行社联系人	张先生
5	ACCT. Contact	财务联系人	梁小姐

◇ **操作方法**

参考前面工作任务 202 中任务情境 1 的操作方法。不同的是，需要在弹出的档案类型选择对话框中选择旅行社类型。

任务情境 3：

假设宾馆和某酒店代理销售网站——携易旅行网签订了客房销售合同。请新建一个预订代理或预订中心类型档案，存储该预订代理或预订中心的信息。注意，你需要自行在网上查找该客户的主要信息，包括地址、电话、传真等。

◇ **操作方法**

参考前面工作任务 202 中任务情境 1 的操作方法。不同的是，需要在弹出的档案类型选择对话框中选择预订代理或预订中心类型。

任务情境 4：

漳州职业技术学院任命了院办主任——张主任，电话号码为 0596-2660008，漳州水仙宾馆与漳职院校企合作，双方合作愉快，漳州水仙宾馆给学院分配了一个应收账款号 123456。请登录 Sinfonia 系统完成信息更新工作。

◇ **操作方法**

点击【预订（Reservations）】→选择【档案（Profiles）】→在【Search Name】栏输入"ZZY"→点击【Search】按钮，系统搜索到漳职院的档案（见图 2-5）。在档案搜索对话框中双击 ZZY 的档案或者点击【Edit】，弹出档案信息对话框→修改【Contact Information】下的联系人和电话信息→点击【More Fields】选项卡，在【Special Fields】的【A/R♯】栏输入应收账款号"123456"，修改完后点击【保存（Save）】。

任务情境 5：

根据合同内容，漳州水仙宾馆与港中旅签订的合同价格为 CORP3（Corporate 3，3 级公司客人）。请找到港中旅的档案，在【Ctrct. Rate（合同费率）】框中填写"CORP3"。

◇ **操作方法**

操作方法同前面工作任务 201 中任务情境 3 的操作方法。不同的是，先找到港中旅的档案，双击进入信息录入对话框，在【Ctrct. Rate（合同费率）】框中填写"CORP3"。

任务情境 6：

某公司（如漳州 LP 贸易公司）因为经常逾期不付款，故漳州水仙宾馆不允许此公司再挂账，只可以付现金。请登录 PMS 系统查询该公司档案并修改。

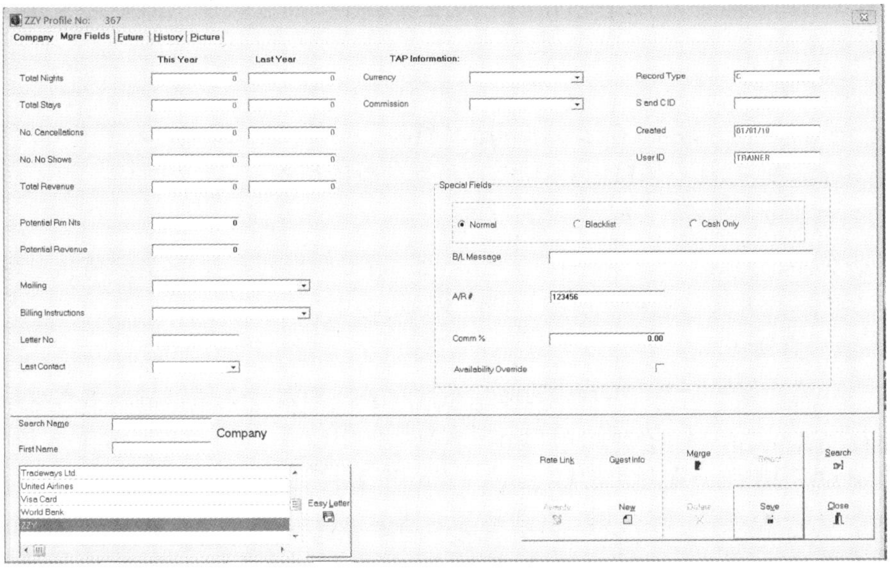

图 2-5 应收账款号输入

◇ **操作方法**

先找到漳州 LP 贸易公司的档案，双击进入该公司的档案录入框→点击【More Fields】选项卡，在【Special Fields】栏中选择"Cash Only"（见图 2-6）→点击【保存(Save)】，完成档案的修改。

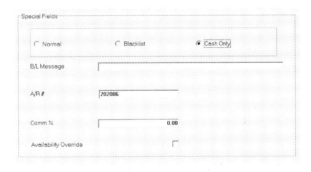

图 2-6　设置只允许现金支付示意图

 分析思考

酒店建立档案的作用是什么？档案与为散客提供优质服务、个性化服务的关系是什么？

➤ 工作任务 203：档案的删除与合并

任务情境 1：
由于漳州 LP 贸易公司的合同期已到，漳州水仙宾馆也没有意向再与此公司续签合同,故不再需要此公司的档案,作为宾馆应该怎样处理?请按照上面要求进行相关操作。

◇ 操作方法

此操作为档案的删除。先找到漳州 LP 贸易公司的档案,双击进入漳州 LP 贸易公司的档案录入框,然后点击【Del】按钮完成档案的删除操作。

任务情境 2:

假设你不小心建立了两份自己的个人档案,请将两份档案合并,要求将信息少的一份档案(如 A)合并到信息较多的另一份档案(如 B)中。

◇ 操作方法

此操作是档案的合并(Merge)功能。先打开 B 的档案→在档案信息录入对话框下面选择【Merge(合并)】→在弹出的档案搜索对话框中输入 A 的档案→选择 A 的档案,点击【是(OK)】按钮→在弹出的【Compare Profile】对话框中核对一下档案合并信息是否有误。其中,左列是 A 的档案,右列是 B 的档案,核对无误后点击【确认(Yes)】按钮,完成档案的合并(见图 2-7)。

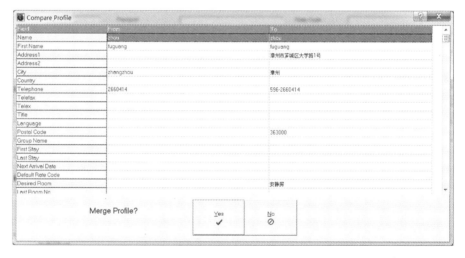

图 2-7 档案的合并

> 工作任务 204:生成档案报表

任务情境:

市场销售总监对于新的档案非常感兴趣,要求你将客人档案形成报表并提交给他作为新的市场计划的依据。于是,你需要生成一份档案报表,这需要使用 Sinfonia 系统中的报表功能。

◇ 操作方法

(1)在弹出的【Reports】对话框中 Sections(报表类型选择区)区域选择"Profile"(档案)。

(2)左边报表选择区中选择"Company/Agent/Source Addresses"(公司/代理/预订源地址)报表。

(3)在报表生成类型中选择"Export"(输出)。

(4)在报表输出格式中选择"Excel Files"(Excel 文件格式)。

(5)在报表输出位置地方选择生成路径(路径随意,只要你在下一步提交文件时能够找到它即可),并输入文件名。注意:文件必须以"学号+姓名"作为文件名,如 1 班学号为 210507101 的李金书同学,所保存的作用文件名应该为"210507101 李金书"。

(6)点击下方的【Print】按钮,在弹出的对话框中直接点击【OK】。注意:不点击的话无法生成文件。

(7)生成之后,就可以在刚才的目录下看到所生成的文件,即××××××××××.xls,你可以使用 Excel 打开你生成的文件来审阅和分析。在确认你的文件无误之后,接下来就可以把生成的文件上传了(见图 2-8)。

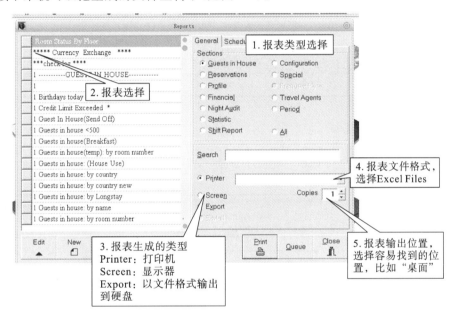

图 2-8　生成档案报表操作步骤示意图

五、实训考核与评分

(一)考核项目

1.正确输入 Name(Last Name,Guest Name)和 First(First Name),掌握 Sinfonia 系统中英文支持;

2.正确完成各种类型档案的建立、查询、修改、合并和删除操作;

3.生成档案报表并应用于个性化服务中。

(二)实训评分(见表 2-3)

表 2-3　实训评分

序号	评价类型	评价内容	分值	评分
1	过程评价（50 分）	参与讨论	10	
2		工作数量	10	
3		工作质量	10	
4		对外沟通	10	
5		团结协作	10	
6	结果评价（50 分）	个人档案的建立、查询、修改	20	
7		其他类型档案的建立、修改	15	
8		档案的删除、合并	5	
9		档案报表全面、正确	10	
合计			100	

六、实训小结

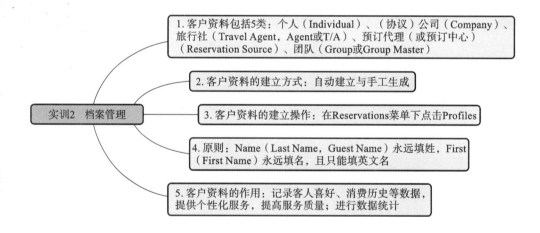

即测即评

档案管理

七、实训拓展

1.以自己的名字建立个人档案,性别为男,客人说中文,保留客史,不接受酒店任何信息,不吸烟。请按照要求将信息录入 PMS 系统。

关键步骤操作提示:

题目中"保留客史"的要求,请勾选【Save in History】;"不接受酒店任何信息"的要求,请在【Mailing】选项卡中不选择任何邮件类型;"不吸烟"可以在【Interest】栏下选择"No Smoking"。

2. 建立个人档案（例如名叫李露），性别为女，客人说中文，吸烟，信誉不佳，酒店要求客人只可以付现金，不可以挂账与使用信用卡。请按照要求将信息录入 PMS 系统。

关键步骤操作提示：

题目中客人只可以付现金，不可以挂账与用信用卡，可以在档案信息录入框中点击【More Fields】选项卡，在【Special Fields】栏中选择【Cash Only】。

3. 漳州水仙酒店与漳州水仙花旅行社公司（SXHTS）签订了一年合同，有效期为 2011-01-01—2011-12-31，合同价为 CORP1，CORP2。请建立漳州中国旅行的档案，信息完整，联系人的信息为自己的个人信息，财务联系人叫张毅，自己的个人信息与财务联系人的信息必须有档案。请按照要求将信息录入 PMS 系统。

关键步骤操作提示：

在建立漳州水仙花旅行社公司类型档案时，联系人姓名填写在【Contact Information】下【Last Name】和【First Name】栏，财务联系人"张毅"填写在【Acct Contact】栏，合同价填写在【Ctrct. Rate】栏，当合同价代码有两个时（如 CORP1，CORP2），还需点击【Rate Link】按钮→弹出【Rate Linkage for Profile】对话框，在左下方点击【Rate Code】下拉菜单→选择 CORP1，CORP2→按【OK】按钮完成相关操作（见图 2-9）。完成后返回到漳州水仙花旅行社公司档案录入界面，会显示出蓝色的"Linked"字眼，表明合同价代码关联成功。

图 2-9 添加合同代码

4. 请查找一位客人的个人档案（例如名叫刘品华先生）。由于客人更改了工作城市，现已在北京定居，而且已经戒烟，需要将原有的错误信息更改为现在的正确信息。请按照要求将信息录入 PMS 系统。

关键步骤操作提示：

题目中"工作城市更改"的要求，在【City】栏修改；"已经戒烟"在【Interest】栏下由

"Smoking"改为"No Smoking"。

5.酒店接到公安部门传真：刘东，男，身份证为35060119790601××××，因偷窃犯罪，现在逃，请酒店注意协查。酒店将其列入黑名单散客，请在系统中完成信息录入操作，具体信息如表2-4所示。

表2-4 黑名单散客信息

联系人	刘东	联系电话	1354558××××
价格代码	Rack	传真号码	0596-252××××
允许挂账	限额10000元	电子邮件	LD135×××＠163.com

关键步骤操作提示：

新建个人档案，录入相关信息后，在档案信息录入框中点击【More Fields】选项卡，在【Special Fields】栏中选择【Blacklist】(见图2-10)。

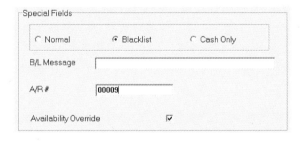

图2-10 黑名单设置

实训 3 散 客 预 订

预订功能是酒店前台管理系统最重要也是最基础的一项功能。Sinfonia 系统预订模块可以进行客房预订，实现为散客、公司、旅行社等客户预订客房。每一个预订都要与档案相关联，如果没有档案，那么必须为其创建一个。

酒店预订服务是指酒店在客人入住前为客人提供的预先安排、预约客房的服务，由前台或销售部实施。预订服务是酒店与客人建立良好关系的开始，旨在预先保证客人需求，并为客人提供所期望的客房产品。常见的预订方式包括电话（Telephone）、口头（Verbal）、传真（Fax）、互联网（Internet）、合同（Contract）预订等。散客预订是相对于团队预订而言，主要包括上门（Walk In）、（协议）公司、旅行社、预订代理或预订中心和会员（Membership）散客。

从酒店信息系统的角度看，预订就是通过恰当的方式收集客人信息，将其输入酒店信息系统中并得到结果。如果某客人反复在一个酒店入住多次，档案只有一个，但每一次的预订作为一条历史记录被保存在数据库中。比如，客人在某一酒店预订 200 次，登记入住 200 次，就有 200 次的账单。

本实训任务主要是模拟散客预订、查询预订、生成预订报表等操作，理解预订与个人档案的关系，预订成功后酒店各部门应各司其职做好准备工作。

一、实训目标

1. 理解预订与个人档案的关系；
2. 利用 Sinfonia 系统完成散客预订新建、查询操作；
3. 熟练掌握新建协议客人预订操作，理解档案中合同费率、价格代码和预订价格之间的关系；
4. 熟悉预订与客人状态之间的关系，了解客人"初始状态"中的"预期到达"。

二、实训内容

工作任务 301：预订与个人档案查阅
工作任务 302：协议客人的预订

工作任务303:各种各样的预订
工作任务304:打印预订报表

三、实训课时

4学时。

四、实训步骤和方法

➢ 工作任务301:预订与个人档案查阅

任务情境1:

使用档案查找功能,查看在Sinfonia系统中是否存在刘品华(Liu Pinhua)客人的档案。

◇ 操作方法

点击【预订(Reservations)】→选择【档案(Profiles)】→在【Last Name】栏输入"Liu",【First Name】栏输入"Pin hua"→点击【Search】按钮,系统搜索不到刘品华的档案。

任务情境2:

完成刘品华先生的预订,刘品华先生信息如下。

- 客人姓名(Name):刘品华(Liu Pinhua)
- 语言(Language):中文(Chinese)
- 头衔(Title):先生(Mr.)
- 电话(Phone):852-28808888
- 国家(Country):CN(China,中国)
- VIP级别:常客(Frequent Guest)
- 到店日期(Arrival Date):2010-01-01
- 离店日期(Departure Date):2010-01-02
- 价格代码(Rate Code):门市价(Rack)
- 房间类型(Room Type):豪华大床房(DKN,Deluxe King)
- 预订来源(Reservation Source):散客(IND,Individual)

◇ 操作方法

点击【预订(Reservations)】→【新建预订(New Reservation)】→在新建预订查询对话框【Guest Name】栏输入"Liu",【First Name】栏输入"Pin hua"→弹出预订信息录入对话框,在相应栏目中输入相关信息(见图3-1、图3-2)。全部输入完后,点击【确认(OK)】按钮→弹出预订成功提示框,显示客人的预订号码。

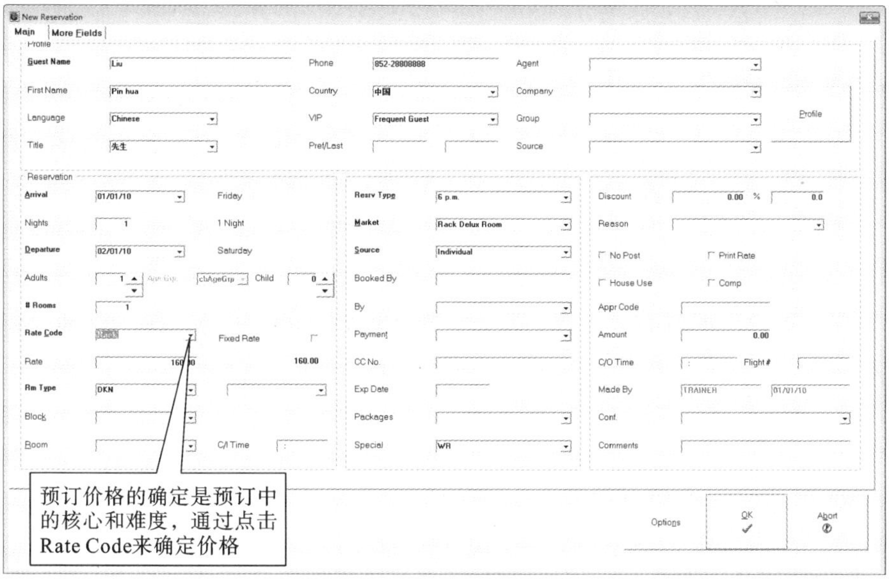

图 3-1 预订信息录入对话框

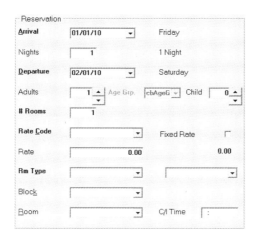

图 3-2 预订信息录入界面

知识活页

散客预订为个体的零散客人、休闲旅游者、商务客人、长住客人等的预订。预订时填入尽量多的内容，对于客人抵店时的快速入住和客人识别有很大的帮助。一般来讲，预订员在客人订房时至少要明确以下基本信息。

(1)客人资料：客人姓名、证件号码、性别、联系方式、所属公司等。

(2)订房要求：抵店日期、离店日期或住店天数、房型、房数和人数。

(3)房价定义：房价类别、房价等。

从酒店管理信息系统的角度看，预订可以看作是通过恰当的方式收集客人信息，并将其输入酒店 PMS 系统中的过程。

Note

知识链接

Sinfonia 预订主界面介绍

参考答案

 操作技巧

(1)客人的姓和名需要输入英文,中文姓名可以在预订信息录入对话框点击档案按钮,在档案中的【Alt. Name】栏输入。

(2)新建预订信息录入时,预订信息录入对话框中字体加粗的栏目必须输入信息,否则预订保存不成功。

(3)客人预订中提出的一些特别要求可以在【Special】栏输入。如果在【Special】栏没有满足客人的要求,则可以在预订信息录入对话框中选择【More Fields】选项卡,输在【Remarks】栏。

 分析思考

预订完成后,在档案中是否能够找到刘品华先生的档案?档案编号是什么?档案信息从何而来?

 操作技巧

一个客人有且仅有一个档案,每个预订仅对应一个档案。因此,新建预订时,员工务必养成使用【Search】按钮进行搜索是否存在该客人的预订,而不是在新建预订查询对话框直接点击【New】按钮。

任务情境 3：

查看刘品华档案的未来预订(Future)信息,该预订的状态是什么?这说明了预订和个人档案存在什么关系?

◇ 操作方法

在刘品华档案的【未来预订(Future)】中,可以查看到该客人的未来预订,预订状态为预期到达(Expected),表明预订与档案之间相互关联(见图 3-3)。

预订完成后,Sinfonia 系统会自动更新客人的未来预订。

任务情境 4：

查看刘品华的预订信息,该预订号是什么?刘品华客人预订的客房价格是多少?

◇ 操作方法

在刘品华的【未来预订(Future)】中,可以查看该客人的未来预订。双击进入刘品华的预订,可以查看该预订号为218(因每台电脑而异,答案仅供参考),客房价格为160元。

或者点击【预订(Reservations)】→【新建预订(New Reservation)】→在更新预订搜索对话框【Guest Name】栏输入"Liu",【First Name】栏输入"Pin hua",点击【Search】按钮,弹出预订搜索对话框结果。双击刘品华的预订,刘品华的预订最上方显示预订号为218(因每台电脑而异,答案仅供参考),价格为160元。

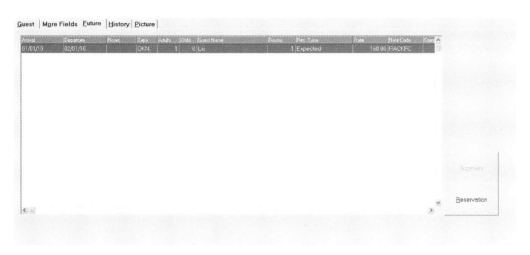

图 3-3 查看客人的未来预订信息

> 工作任务 302：协议客人的预订

任务情境 1：

酒店与漳州平安花公司(ZZPAH Company Limited)签订了客房销售合同,该公司执行 CORP2 协议价。请使用档案功能建立一个公司档案来存储漳州平安花公司的信息,信息如下。

- Tel：0596-2302990
- Fax：0596-2302993
- 协议价：CORP2(Corporate 100—500RN)

操作提示：协议价 CORP2 输在【Ctrct. Rate】栏。

酒店房价体系

酒店房价体系如表 3-1 所示。

表 3-1 酒店房价体系

价格名称	英文对照
标准房价	Rack Rate
散客价	Walk In Rate
商务合同价	Commercial/Corporate Rate
团队价	Group Rate

续表

价格名称	英文对照
小包价	Package Rate
前台折扣价	Discount Rate
中介价	Agents Rate
会议价	Meeting Rate
淡季价	Slack Season Rate
旺季价	Busy Season Rate
白天租用价	Day Use Rate
深夜价	Midnight Rate
免费	Complimentary Rate

任务情境2：

完成漳州平安花公司的海燕女士的预订，信息如下。

- 客人姓名(Name)：海燕(Hai Yan)
- 语言(Language)：中文(Chinese)
- 头衔(Title)：女士(Mrs.)
- 电话(Phone)：13855555558
- 国家(Country)：CN(China,中国)
- VIP级别：普通宾客(Normal Guest)
- 到店日期(Arrival Date)：2010-01-01
- 离店日期(Departure Date)：2010-01-02
- 价格代码(Rate Code)：使用默认值
- 房间类型(Room Type)：豪华大床房(DKN,Deluxe King)
- 预订来源(Reservation Source)：本地公司(LOC,Local Company)

◎ 操作方法

点击【预订(Reservations)】→【新建预订(New Reservation)】→在新建预订查询对话框【Guest Name】栏输入"Hai"，【First Name】栏输入"Yan"→弹出预订信息录入对话框，在相应栏目中输入相关信息，注意【Company】栏应选择"ZZPAH"(见图3-4)。全部输入完后，点击【OK】按钮→弹出预订成功提示框，显示客人的预订号。

实训 3　散客预订　041

图 3-4　来自漳州平安花公司的协议客人海燕的预订信息录入对话框

操作技巧

协议客人的预订与普通散客的预订最大的区别在于,客人来自某家公司、旅行社(如携程、艺龙网),或者预订来源为某个团队,一定要选择其中一个(见图3-5),选择后价格代码会自动生成。

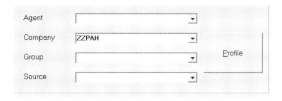

图 3-5　协议客人的预订要选择来自某家协议单位

分析思考

在档案中查看海燕女士的未来预订(Future),其预订号、房价分别是多少？刘品华与海燕预订相同的房型,房价有何差别？造成这样差别的原因在于什么？

操作技巧

(1)客人的费率决定五要素：入住时间；入住天数；房间数量及人数；价格代码；

参考答案

房型。

(2)价格代码确定原则:无预订客人的价格代码为 Walk In 或 Rack;协议客人的价格代码取决于客人来源的合同费率。

参考答案

 分析思考

查看漳州平安花公司的档案,预订前后漳州平安花公司的档案信息有何变化?可以看出预订与档案之间的关系如何?

 操作技巧

新建预订(New Reservation)操作完成后,客人状态变为预期到达(Expected)。

➢ 工作任务 303:各种各样的预订

任务情境 1:

客人 1:建立协议客人张斐(Zhang Fei)的预订。
- 客人来自漳州平安花公司(ZZPAH)
- 电话:0532-86061000
- VIP 级别:VIP3 级
- 到店日期:2010-01-01
- 离店日期:2010-01-03
- 房间类型:标准双人间(STW,Standard Twin)
- 预订来源:LOC
- 客人支付方式(Payment):现金(Cash)
- 客人特殊要求(Special):高级白酒(Wine White)、客人吸烟(Smoking)、喜欢高楼层(High Floor)

◇ 操作方法

张斐是协议客人,【Company】栏应选择协议单位漳州平安花公司(ZZPAH);客人特殊要求(Special)在【Special】栏输入。

任务情境 2:

客人 2:李斐(Li Fei)使用美国运通信用卡担保预订房间。
- 电话:0532-86051302
- VIP 级别:VIP3 级
- 到店日期:2010-01-01
- 离店日期:2010-01-04
- 价格代码:Rack
- 房间类型:豪华套房(SUI,Suite)
- 信用卡号:374282301511004(有效期为 12/12)
- 预订类型:信用卡保证类预订(Gtd. Credit Card)

- 预订来源：IND
- 客人其他要求（Service）：婴儿床（Baby Cot）、安静房（Quiet Room）、无烟房（No Smoking）

◇ 操作方法

信用卡号在【CC No.】栏输入，有效期在【ExP Date】栏输入，客人其他要求在【Special】栏输入。

任务情境3：

客人3：建立吴斐（Wu Fei）的预订且要求细致。
- 电话：0532-86051301
- VIP级别：VIP1级
- 到店日期：2010-01-02
- 离店日期：2010-01-12
- 价格代码：Rack_Low
- 房间类型：商务大床房（BKN，Business King）
- 预订来源：NAC（National Company）
- 该客人要求十分细致：要求房间内有笔、墨、纸、砚"文房四宝"；要求悬挂《满江红》诗词；客人房间内所有布草均为粗布制品，不得有任何其他材质物品；每顿餐饮菜品不得多于3个，主食必须粗粮；套房书房摆放《左氏春秋》《孙子兵法》书籍

◇ 操作方法

客人其他要求在预订信息录入对话框中选择【More Fields】选项卡，输在【Remarks】栏（见图3-6）。

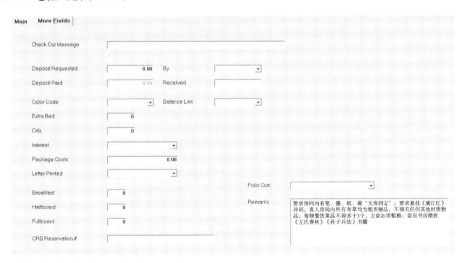

图3-6 客人预订中特殊要求的输入

任务情境4：

客人4：建立外国客人乔志·费舍尔（George Fisher）的预订。
- 电话：1732-17991214
- 到店日期：2010-01-01

- 离店日期：2010-01-02
- 价格代码：RACKFC
- 房间类型：豪华套房（SUI,Suite）
- 预订来源：中央预订系统（CRS,Central Reservation）
- 到达航班：01号航班，航班到达时间早上5:00，预计入住时间5:30，需要提前入住服务
- 离店航班：01号航班，航班起飞时间8:00，预计离店时间6:00
- VIP级别：VIP4级，按照VIP贵宾配置6级别（VIP-President'Club）要求服务，要求英文报纸（NRE）
- 采用公司担保形式预订，支付方式为现金支付，预订人为Thomas Jefferson
- 采用电话方式1732-17991214进行预订
- 客人语言为英语，故预订确认信应选择英文格式

◇ 操作方法

在相应栏目中输入预订信息，预订信息录入界面如图3-7所示。

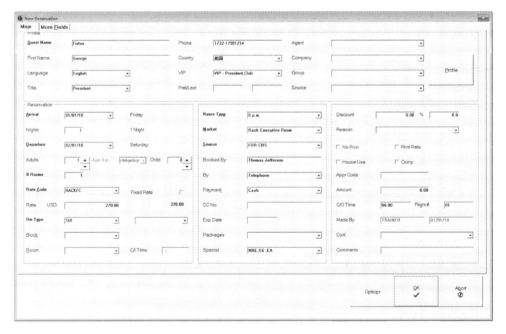

图3-7　乔志·费舍尔预订信息录入界面

知识活页

在酒店，预订操作虽然是由销售部或预订部员工完成，但在预订过程中，预订员需要知道酒店房间设施设备、朝向、房价、房态、客人身份、就职单位和财务收银制度等信息。因此，预订业务需要酒店各部门共同协作完成。散客预订业务的数据流程图如图3-8所示。

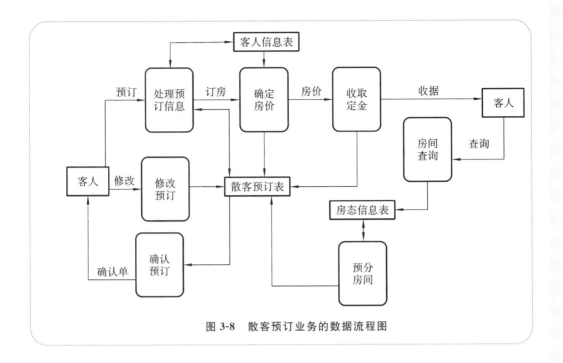

图 3-8 散客预订业务的数据流程图

➢ **工作任务 304**：打印预订报表

任务情境：

对于预订员来说，每天完成预订工作后可以将当日所做的预订生成报表保存。今天，你的预订经理要求你来完成该工作，你需要生成一份预订报表，这需要使用【Miscellaneous】中的【Reports】功能。生成报表时，请选择【Reservations：enter on/by】类型，【enter on】栏选择生成哪天的预订，【by】栏选择预订员的账号。

◇ **操作方法**

请参考实训 2 中的工作任务 204 的操作步骤，注意报表类型和格式的选择，生成当日你所做的全部预订报表。点击【Miscellaneous】→【Reports】→ 在右上角报表类型选择区选择"Reservations"，在左边报表选择区选择"2 Reservations：enter on/by"，在报表生成类型中选择"Export"（输出），在报表输出格式中选择"Excel Files"（Excel 文件格式）和存储文件的地址和文件名→点击【Print】按钮，在弹出的对话框中的【enter on】栏输入日期（如 01/01/10），【enter by】栏输入登录的账户名（如 TRAINER）→点击【OK】，就生成当日所做的全部预订报表。使用 Excel 打开你生成的报表来审阅和分析，在确认文件无误之后，就可以把生成的文件上传了。

五、实训考核与评分

（一）考核项目

1. 完成散客和协议客人的预订、修改；

2. 理解预订与个人档案的关系，能查询到客人的初始状态；
3. 熟练掌握散客预订中客人各种个性化要求的操作；
4. 理解档案中合同费率、价格代码和预订价格之间的关系。

（二）实训评分（见表 3-2）

表 3-2　实训评分

序号	评价类型	评价内容	分值	评分
1	过程评价（50 分）	参与讨论	10	
2		工作数量	10	
3		工作质量	10	
4		对外沟通	10	
5		团结协作	10	
6	结果评价（50 分）	完成普通散客的预订	10	
7		完成协议客人的预订	10	
8		能正确处理预订过程中客人特殊要求的操作	15	
9		查询预订与档案之间的关联	10	
10		生成预订报表	5	
		合计	100	

即测即评

散客预订

六、实训小结

实训3 散客预订
- 1. 预订操作技巧
  - 预订信息录入对话框中字体加粗的栏目必须输入信息，否则预订保存不成功
  - 客人预订中提出的一些特别要求可以在【Special】栏输入
  - 协议客人的预订，客人来自某家公司、旅行社，或者预订源（如携程、艺龙网），或者某个团队，一定要选择其中一个，选择后价格代码会自动生成
- 2. 预订成功后的变化
  - 预订成功后自动建立该客人的客户资料
  - 在客人客户资料【未来预订（Future）】中可以查看到该客人的未来预订
  - 预订操作完成后，客人状态变为预期到达（Expected）
- 3. 原则
  - 客人的费率决定五要素：入住时间；入住天数；房间数量及人数；价格代码；房型
  - 价格代码确定原则：无预订客人的价格代码为Walk In或Rack；协议客人的Rate Code取决于客人来源的Contract Rate

七、实训拓展

1. 一位客人(王某建先生)打电话预订 1 间标准双床房,住 2 个间夜,无烟房,客人喜欢打高尔夫。请按照要求将信息录入 PMS 系统。

2. 一位客人(蔡林媛小姐)使用美国运通信用卡担保预订房间,卡号为 374282301511004(有效期为 12/12),有烟标准大床房。请按照要求将信息录入 PMS 系统。

3. 一位客人(李梓豪先生)使用维萨信用卡担保预订房间,卡号为 4380886854588575(有效期为 12/12),无烟标准大床房。请按照要求将信息录入 PMS 系统。

4. 一位客人(赵鑫先生)使用日本 JCB 信用卡担保预订,卡号为 3568390021062677(有效期为 12/12),有烟标准双床房。请按照要求将信息录入 PMS 系统。

5. 一位客人(张世伟先生)使用万事达信用卡担保预订,卡号为 5201521371932386(有效期为 12/12),有烟标准大床房。请按照要求将信息录入 PMS 系统。

6. 一位客人(王秀霞小姐)通过艺龙中介途径订房,房费已经交付于中介,中介为张良英小姐担保预订,需要无烟大床房。请按照要求将信息录入 PMS 系统。

7. 一位客人(王源先生)打电话预订房间,没有协议公司,住 4 个间夜,不吸烟房,大床房,高楼层,客人告知酒店自己有过敏性鼻炎,只可以用纯棉布草,用大莱信用卡作为预订担保,卡号为 36092950010010(有效期为 12/12)。请按照要求将信息输入 PMS 系统。

8. 客人为新婚夫妇,英国人,预订标准大床房,住 5 个间夜,不吸烟,要求房间放果篮、红酒与巧克力。请按照要求将信息输入 PMS 系统。

9. 一位客人(陈明先生)打电话至预订部订房,要求预订豪华大床房,住 1 个间夜,账单为英文,低楼层,靠近花园,对花粉过敏。要求接机服务,航班号为 CA1234,落地时间为 15:50,入住时间为 18:00,所有费用自付。请按照要求将信息输入 PMS 系统。

10. 一位客人(张华先生)要求送机服务,航班号为 CA4321,国际航班,起飞时间为 11:00,离店时间为 8:00。请按照要求将信息输入 PMS 系统。

11. 酒店前厅部经理为今天的 MOD(Manage On Duty,值班经理),要求开一间房晚上休息。请按照要求将信息输入 PMS 系统。

关键步骤操作提示:

(1)客人预订中提出的一些特别要求可以在【Special】栏输入,如无烟房或有烟房,要求房间放果篮、红酒与巧克力,或者超大床、婴儿床、蜜月等要求都可以在【Special】栏输入。如果在【Special】栏没有满足客人的要求,则可以在预订信息录入对话框中选择【More Fields】选项卡,输在【Remarks】栏。

(2)客人使用信用卡预订,信用卡类型输在【Payment】栏,信用卡号输在【CC No.】栏,有效期输入在【Exp. Date】栏。

(3)酒店前厅部经理为今天的 MOD,要求开一间房晚上休息,可以在【Rate Code】栏选择"House"(自住)代码,价格就变为"0",在【Reason】栏设置为"DBD"(Duty Manage)。

实训 4
散客预订进阶

客户资料是 Sinfonia 运行的基础,是酒店顾客在 PMS 系统中的映射。客户资料中的信息越完善、越准确,对酒店经营和服务提供的支持就越大。在 Sinfonia 和其他 PMS 软件中,一个客人有且仅有一份客户资料。因此,在新建预订搜索对话框中,系统会先查找是否有该预订客人的客户资料。当查找到系统有客户资料的情况下,如何做预订?系统中有同名同姓的客人资料时,如何做预订?预订结束后,客人可能会因为行程发生变化、航班等原因要求修改预订或取消预订,应该怎么操作?

本实训任务主要是模拟在客史档案存在的情况下做预订,完成预订修改、取消、激活和删除等操作,熟悉预订生成、修改、取消、激活、删除操作后客人预订状态的变化。

一、实训目标

1. 熟练掌握在考虑客史档案情况下预订的操作,以及预订与客史档案关联错误时的补救方法;
2. 完成预订修改、取消、激活的操作;
3. 深入理解预订生成、修改、取消、删除与客人预订状态变化的关系。

二、实训内容

工作任务 401:多人预订、多次预订和客户识别
工作任务 402:预订的修改、取消、激活和删除
工作任务 403:生成预订报表

三、实训课时

2 学时。

四、实训步骤和方法

➢ 工作任务 401：多人预订、多次预订和客户识别

任务情境 1：

市场营销部与意隆信息技术（福州）有限公司（简称意隆公司）签订了客房销售合同，请建立一个预订源类型档案（Reservation Source Profile）存储合同信息。
- 英文简称：elong
- 全称：意隆信息技术（福州）有限公司
- 地址：福建省福州市仓山区万泉河路办公服务区 A 座
- 邮政编码：350000
- 电话：0591-63406888
- Fax：0591-63850929
- 联系人：王先生
- 合同价格：CORP1

◇ **操作方法**

点击【预订（Reservations）】→ 选择【档案（Profiles）】，在【Last Name】栏输入"elong"→ 点击【Search】按钮，系统搜索不到 elong 的档案。选择【New】，在弹出的档案类型选择对话框中选择【Reservation Source】类型→ 在档案信息录入对话框中输入相关信息（见图 4-1）→ 最后点击【Save】，完成意隆信息技术（福州）有限公司的档案建立。

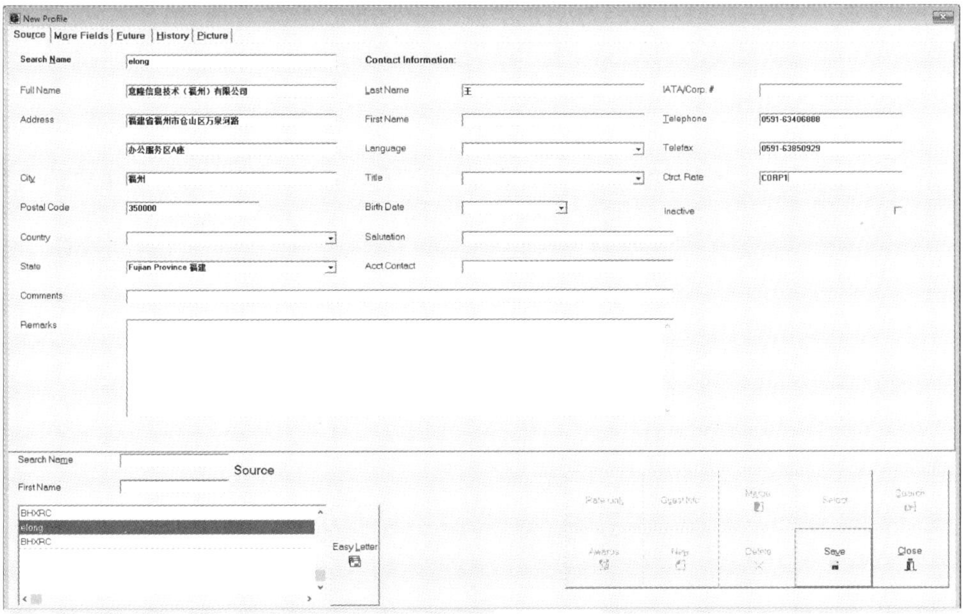

图 4-1 意隆公司（预订源类型）档案信息录入对话框

任务情境 2：

你作为酒店预订员，接到了下面的预订要求。请办理如下几位客人的预订。

1. 李刚（Li Gang）

- 电话：010-34100087
- 到店日期：2010-01-02
- 离店日期：2010-01-03
- 价格代码：门市价（Rack）
- 房间类型：豪华大床房（DKN）
- 预订来源：散客（IND）

2. 李纲（Li Gang）

- 电话：010-34100088
- 到店日期：2010-01-02
- 离店日期：2010-01-03
- 价格代码：门市价（Rack）
- 房间类型：标准双人房（STW）
- 预订来源：散客（IND）

注意：在进行李纲先生的操作时，如果直接在新建预订对话框输入姓名后选择了搜索功能，是否会显示【Existing Profiles（存在档案）】对话框？接下来该如何操作？

◇ **操作方法**

点击【预订（Reservations）】→【新建预订（New Reservation）】在新建预订查询对话框【Guest Name】栏输入"Li"，【First Name】栏输入"Gang"→弹出【存在档案（Existing Profiles）】对话框（见图 4-2）。因当前预订客人与系统中已有客人不匹配，则点击【New Profile】按钮，弹出预订信息录入对话框→在相应框输入到店日期、离店日期、价格代码、房型等信息，全部输入完后点击【OK】按钮，弹出预订成功提示框，显示客人的预订号。

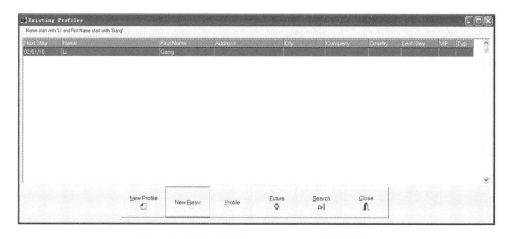

图 4-2 【存在档案（Existing Profiles）】对话框

操作技巧

【存在档案(Existing Profiles)】对话框按钮功能说明如表 4-1 所示。

表 4-1 【存在档案(Existing Profiles)】对话框按钮功能说明

按钮	功能	说明
New Profile	新建档案	新建一个客史档案,同时生成一个预订。对应预订客人为第一次来,不存在档案的情况
New Resv.	新建预订	在当前选中的客史档案的基础上,新建一个预订。对应预订客人为回头客,存在他的档案的情况
Profile	查看档案	查看当前选定的档案,常用在当不能判断哪个档案为当前客人时,通过点击查看更多详细信息来判断客人身份
Future	未来预订	查看选定客人未来的预订
Search	再次查找	再次进行查找
Close	关闭对话框	关闭当前对话框

 分析思考

在完成上面的预订后,使用档案功能搜索姓名为"Li Gang"的客人档案,能找到几个?

任务情境 3：

酒店市场销售部门举办促销活动,李刚和李纲先生办理了酒店的会员卡,会员卡号分别为:李刚(Li Gang) 123456;李纲(Li Gang) 654321。请将以上会员卡信息保存在各自的档案中。

◇ 操作方法

使用 PMS 系统中的档案功能,将客人的会员卡号填写到档案的会员卡号(Member ♯)项目中,保存后退出。

参考答案

 操作技巧

一个客人有且仅有一个档案(One guest, one profile)。预订时必须遵循这一原则。

任务情境 4：

再次为下列客人办理预订。办理时,请思考如何在保证准确的情况下提高预订办理效率。

1. 李刚(Li Gang)
- 电话:010-34100087
- 到店日期:2010-01-03
- 离店日期:2010-01-04
- 价格代码:Rack

- 房间类型:DKN
- 预订来源:IND

◇ 操作方法

点击【预订(Reservations)】→【新建预订(New Reservation)】→在新建预订查询对话框【Guest Name】栏输入"Li",【First】栏输入"Gang"→弹出【存在档案(Existing Profiles)】对话框→分别选定点击【Profile】查看哪位客人与当前预订客人匹配→根据档案查看结果,选定第一位客人(李刚),点击【New Resv.】按钮,弹出预订信息录入对话框→在相应框输入到店日期、离店日期、价格代码、房型等信息,全部输入完→点击【OK】按钮,弹出预订成功提示框,显示客人的预订号。

  分析思考

参考答案

在【新建预订(New Reservation)】对话框输入客人姓名并搜索时,能找到几个档案?你如何判断客人身份?

2. 李刚(Li Gang)

- 客人会员卡号(Member#):123456
- 到店日期:2010-01-04
- 离店日期:2010-01-05
- 价格代码:Rack
- 房间类型:DKN
- 预订来源:IND

◇ 操作方法

点击【预订(Reservations)】→【新建预订(New Reservation)】→在新建预订查询对话框【Guest Name】栏输入"Li",【First Name】栏输入"Gang",在【会员卡号(Member#)】栏输入"123456"→弹出预订信息录入对话框→在相应框输入到店日期、离店日期、价格代码、房型等信息,全部输入完→点击【OK】按钮,弹出预订成功提示框,显示客人的预订号。

分析思考

参考答案

在【新建预订(New Reservation)】对话框输入客人姓名,在【会员卡号(Member#)】栏填写会员卡号后搜索,能找到几个档案?与上一个"分析思考"中的搜索结果数量是否一致?输入会员卡号信息是否起到了减少搜索条数的作用?

3. 李刚强(Li Gangqiang)

- 电话:010-19031936
- 到店日期:2010-01-02
- 离店日期:2010-01-03
- 价格代码:默认
- 房间类型:DKN
- 预订来源:IND(通过意隆网预订)

◎ 操作方法

点击【预订(Reservations)】→【新建预订(New Reservation)】→在新建预订查询对话框【Guest Name】栏输入"Li",【First Name】栏输入"Gangqiang"→弹出【存在档案(Existing Profiles)】对话框。因当前预订客人与系统中已有客人不匹配,选择【New Profile】按钮,弹出预订信息录入对话框→在相应框输入到店日期、离店日期、价格代码、房型等信息,注意李刚强是通过意隆网(elong)预订,所以在【Source】栏要选择"elong"来源,全部输入完→点击【OK】按钮(见图4-3)→弹出预订成功提示框,显示客人的预订号。

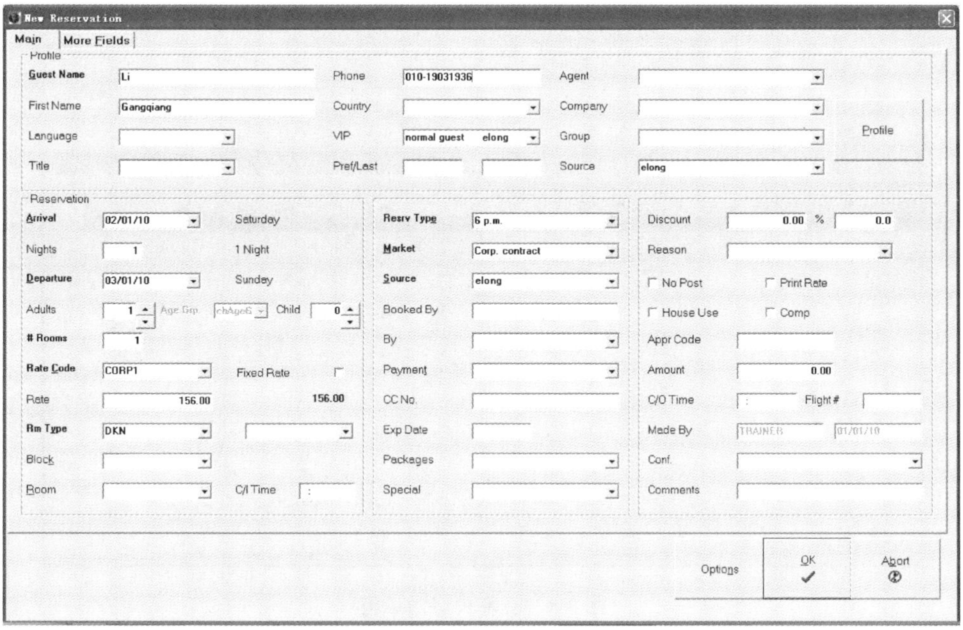

图 4-3 来自意隆网的李刚强的预订信息录入对话框

分析思考

完成以上操作后,使用档案功能查看酒店客人档案,一共有几位叫"李刚"客人？在许多酒店实际预订工作中,酒店预订部要求员工在预订时除了输入客人姓名信息之外,还尽可能地多输入其他获取的信息(比如客人的公司、旅行社或者会员卡号等)。请根据本次任务所学的客史档案和预订的知识分析其原因。

> 工作任务 402:预订的修改、取消、激活和删除

任务情境 1：

假设预订员因某些原因,把李刚的1月2日—5日的预订分成了3个预订,这不利于预订次数的统计和客人消费金额的统计等。因此现在需要将李刚1月2日—3日的预订修改为1月2日—5日,将另外2条预订取消,原因为重复预订。预订取消后该预订状态将变为什么？

参考答案

◈ 操作方法

点击【预订（Reservations）】→【更新预订（Update Reservations）】→在预订查询对话框的【Guest Name】栏输入"Li",【First Name】栏输入"Gang"→弹出更新预订对话框（见图4-4）→选定李刚1月2日—3日的预订（可以通过点击档案确认）→点击【修改（Edit）】按钮，进入预订信息录入对话框（见图4-5）→在【离店日期（Departure）】栏将1月3日修改为1月5日→点击【确认（OK）】按钮，完成预订查看和修改操作。返回到更新预订对话框→选定李刚1月3日—4日的预订→点击【取消（Cancel）】按钮，进入预订取消对话框（见图4-6）→在【原因（Reasons）】下拉框中选择重复预订→点击【确认（OK）】完成预订取消操作，返回到更新预订对话框→查看到预订状态变为"Cancelled"（取消）。依此步骤可以完成李刚1月4日—5日预订的取消。

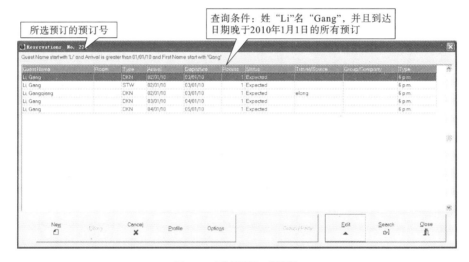

图 4-4　更新预订对话框

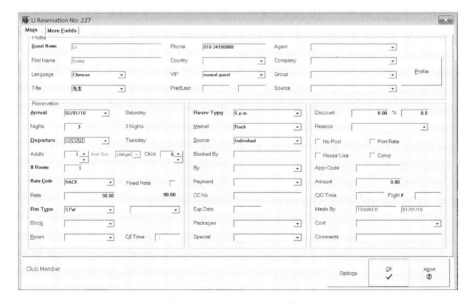

图 4-5　预订信息录入对话框

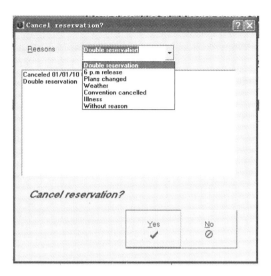

图 4-6 预订取消对话框

新建预订与更新预订

新建预订对话框与更新预订对话框非常相似,但两次查询的范围不同,新建预订(New Reservation)的查找范围为全部个人档案(Individual Profile),而更新预订(Update Reservations)的查找范围为所有预订(All Reservations)。

预订取消(Cancel Reservation)操作完成后,客人预订状态由预期到达(Expected)变为取消(Cancelled)。

任务情境 2:

李刚致电酒店要求以他名义为他儿子李小刚订标准双床房一间,将其中一条取消的预订激活(Reactivate),另一条预订则删除(Delete)。

◇ 操作方法

点击预订【(Reservations)】→【更新预订(Update Reservations)】→在预订查询对话框【Guest Name】栏输入"Li",【First Name】栏输入"Gang"→弹出更新预订对话框→选定李刚 1 月 3 日—4 日的预订(见图 4-7)→点击【激活(Reactivate)】按钮,弹出预订激活确认对话框(见图 4-8)→点击【是(Yes)】按钮,进入预订信息对话框→将【房型(Rm Type)】修改为标准双床房(STW)→点击【确认(OK)】按钮,完成预订激活和修改操作。返回到更新预订对话框→选定李刚 1 月 4 日—5 日的预订→点击【选项(Options)】按钮,弹出预订选项对话框→选择【删除(Delete)】按钮→弹出删除预订确认对话框,点击【是(Yes)】按钮,完成预订的删除。

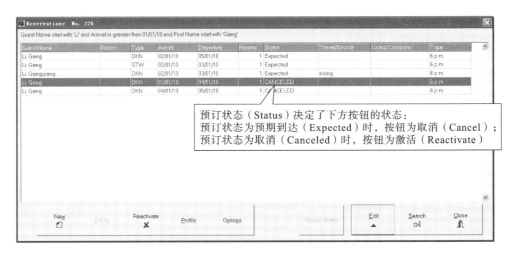

图 4-7 更新预订对话框

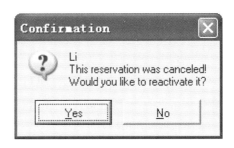

图 4-8 预订激活确认对话框

操作技巧

预订取消和预订删除不同:完成预订取消操作后该预订还是保存在系统中,只是预订的信息全部显示为灰色,在没有激活前是不能修改的;而预订删除操作后,该预订相关信息则完全删除了,不会保留在系统中。预订删除通过点击更新预订对话框中的【选项(Options)】按钮来完成。

任务情境 3:

客人李纲为新会员,作为促销,酒店为其免费升级房间到套房,请在 PMS 系统中完成操作。

◇ 操作方法

点击【预订(Reservations)】→【更新预订(Update Reservations)】→在预订查询对话框【Guest Name】栏输入"Li",【First Name】栏输入"Gang"→弹出更新预订对话框→选定李纲1月2日—3日的预订(可以通过点击档案确认)→双击或点击【修改(Edit)】按钮,进入预订信息对话框→选择固定房价(Fixed Rate),将【房型(Rm Type)】修改为套房(SUI)→点击【确认(OK)】按钮完成免费升级房型操作。

➤ 工作任务 403：生成预订报表

任务情境 1：

生成 Excel 格式的预订报表"Reservations：entered on/by"。

◎ 操作方法

该报表为预订报表中的"Reservations：entered on/by"，当点击【Print】时，在对话框直接点击【OK】。

任务情境 2：

将生成的报表上传提交作业。

◎ 操作方法

请参考任务 204 或任务 304 操作步骤，生成当日所做的全部预订报表。

点击【Miscellaneous】→【Reports】→ 在右上角报表类型选择区选择 "Reservations"，在左边报表选择区选择"2 Reservations：enter on/by"，在报表生成类型中选择"Export"（输出），在报表输出格式中选择"Excel Files"（Excel 文件格式）和存储文件的地址、文件名→点击下方【Print】按钮，在弹出的对话框中【enter on】栏输入日期（如 01/01/10），【enter by】栏输入登录的账户名（如 TRAINER）→点击【OK】，就生成当日所做的全部预订报表。使用 Excel 打开你生成的报表来审阅和分析，在你确认你的文件无误之后，接下来，你可以把你生成的文件上传了。

五、实训考核与评分

行业案例

超额预订

（一）考核项目

1. 能在考虑客史档案情况下完成预订的操作，并能补救预订与错误的档案关联的操作；
2. 熟悉预订修改、取消、激活的操作；
3. 深入理解预订生成、修改、取消、删除与客人状态变化的关系。

（二）实训评分（见表 4-2）

表 4-2　实训评分

序号	评价类型	评价内容	分值	评分
1	过程评价 （50 分）	参与讨论	10	
2		工作数量	10	
3		工作质量	10	
4		对外沟通	10	
5		团结协作	10	

续表

序号	评价类型	评价内容	分值	评分
6	结果评价（50分）	客史档案存在情况下完成预订	20	
7		预订的修改、取消、激活与删除	20	
8		能判别预订取消、删除等操作后客人状态的变化	5	
9		生成预订报表正确	5	
合计			100	

六、实训小结

7. 预订取消（Reactivate Reservation）：预订状态由被取消（Cancelled）变回为预期到达（Expected）

6. 预订取消（Cancel Reservation）：预订状态由预期到达（Expected）变为被取消Cancelled

5. 预订修改（Edit Reservation）：预订状态仍是预期到达（Expected）

4. 档案（Profile）：查看选定的客人的资料，适用于满足条件的客人较多，不能判断哪个资料是客人的

实训4　散客预订进阶

1. 原则：一个客人有且仅有一个客史资料

2. 存在资料对话框中"新建档案"（New Profile）：新建预订的同时生成新的客户资料，适用于第一次预订客人

3. 新建预订（New Resv.）：在当前选定的客户资料基础上再做一份预订，不生成新的资料

即测即评

散客预订进阶

七、实训拓展

课后请登录Fidelio，完成下面两个任务。

工作任务1：比尔·汤姆森的预订与修改

1. 建立客人比尔·汤姆森(Bill Tomson)的预订。

- Name：Bill Tomson
- Source：Walk In
- VIP：VIP3级
- Room Type：标准双人间(Superior Twin B)
- Number of Rooms：1
- Country：美国
- Arrival Date：2007-01-24
- Departure Date：2007-01-26
- Contact Tel：0532-61666666

• Contact E-mail：Tomson @hotmail.com

请思考：客人 Bill Tomson 的电子邮件地址存储在哪里？如果要在预订时存储其他客人更详细的档案，如生日、会员卡号、详细地址、邮政编码等，应该如何操作？

关键步骤操作提示：

电子邮件地址可以在预订信息录入对话框点击【Profile】按钮，在档案中的【E-mail】栏输入；客人其他如生日、会员卡号、详细地址、邮政编码等信息，都可以在档案录入对话框中输入完成。

2. 客人使用运通信用卡预订，卡号为 374282301511004，有效期为 12/12，请完成相关操作。

关键步骤操作提示：

信用卡类型输在【Payment】栏，信用卡号输在【CC No.】栏，有效期输在【Exp Date】栏。

3. 客人 Bill Tomson 决定将预订进行修改，他的入住日期和离店日期分别修改为 2007 年 2 月 8 日和 2007 年 2 月 26 日（注意：由于入住时间超过 14 日，系统弹出长租客提示框），将房型改为 Deluxe Suite D。由于此时正处于淡季，经预订部经理同意，将房价修改为 1200 元。

在手动修改房价时，预订对话框会发生什么变化？

（1）取消 Bill Tomson 的预订，取消原因为航班取消。

（2）再次激活 Bill Tomson 的预订。注意：在客人取消预订期间，由于有一大型团队预订酒店，故酒店提交了散客入住的价格，客人预订价格变为 1700 元。

（3）Bill Tomson 为了观看北京奥运会青岛赛区的比赛，将预订进行修改，他的入住时间和离店时间分别修改为 2007 年 8 月 8 日和 2007 年 8 月 10 日。由于奥运会期间酒店执行非常规价格，故修改时，客人的房价修改为 1800 元。

关键步骤操作提示：

在将房型改为 Deluxe Suite D，房价修改为 1200 元的操作时，要在折扣原因一栏选择预订部经理同意(Sales Approval)。

工作任务 2：询问与预订工作

1. 酒店与玛特纳公司(Matena Company)签署客房销售协议，根据协议，玛特纳公司预订价格遵照公司协议价格 D(CORD-NEW, Commercial Rate D)。请建立玛特纳公司的档案。

关键步骤操作提示：

使用档案功能建立玛特纳公司(Matena Company)的客户资料，资料类型选择【Company】，在【Ctrct. Rate】栏输入"CORD-NEW"。

2. 在 Fidelio 中完成如下询问和预订工作。

（1）玛特纳公司董事长马腾(Ma Teng)因公出差决定预订客房，马腾自行打电话到酒店预订部进行预订，由于董事长并不知道公司与酒店签署了客房销售协议，所以马腾先生被酒店预订员当成上门散客对待，请按快捷键"Ctrl＋R"，使用价格查询(Rate Query)功能回答客人以下询价。

预订部：马先生您好！漳州大酒店预订部，请问有什么可以帮您？

马腾：哦，我想问问你们酒店的价钱。

预订部：马先生您好，请问您一行几位呢？请问您打算哪天入住呢？

马腾：1月30号吧，就我一个人。

预订部：马先生那您打算住几天呢？

马腾：我2月2号离店。

预订部：马先生，根据您的需求，我们有以下一些房型比较适合您：

(以下内容请根据Fidelio查询结果自行回答)

高级大床房(　　　)；豪华大床房(　　　)；豪华套房(　　　)；

预订部：马先生，您打算预订哪种房型呢？

马腾：哦，我想再考虑一下再做决定。

预订部：好的，马先生，感谢您的来电，酒店随时欢迎您的预订。

(2)马腾自行询价之后感觉价格较高，故呼叫秘书马特替他办理预订手续，马特知道公司与酒店曾经签订了客房销售合同，于是亲自致电酒店预订部告知对方公司与酒店签有客房销售合同，并根据合同进行了预订，请使用楼层信息(Floor Plan)快捷键(Ctrl＋F)功能为马特办理预订请求。

预订部：马先生您好！感谢您致电漳州大酒店预订部，请问有什么可以帮到您？

马特：我打算为我们老总预订一间客房，他近来有恐高症，你们酒店最低楼层为几层？

预订部：马先生，我们酒店最低楼层为(　　　)。

马特：那5楼有什么房型吗？注意，需要朝南的房间。

预订部：马先生，根据您的需要，我们在5楼有(　　　、　　　、　　　)等房型，我向您推荐0510客房，这是一间套房，房间非常宽敞，视野非常好，您需要预订一间吗？

马特：哦，价格是多少呢？老总比较节省。

预订部：您公司和我们是协议单位了，价格比较优惠的，优惠之后的价格是(　　　)元，您看可以吗？

马特：价格还行，那就预订一间吧，1月30日—2月2日，客人姓名为马腾(具体信息略)。

预订部：马先生，感谢您的预订，祝您的老总入住快乐，也祝您春节快乐。

马特：谢谢。

(3)马腾在交代马特进行预订时，公司成本控制经理李艳红听到了董事长的预订要求，为了节省费用，李艳红经过一番比较后，选择了通过携程网进行预订的方法，因为这样的价格比较便宜，李艳红通过预订网络完成了预订工作，主要信息如下：

- Name：马腾(Ma Teng)
- Source：通过携程网预订
- VIP：VIP1级
- Room Type：DSDQ
- Number of Rooms：1
- Country：China
- Market Code：Ctrct. Rate A

- Arrival Date:2007-01-30
- Departure Date:2007-02-02
- Contact Tel:13660000000

关键步骤操作提示:

价格查询(Rate Query)功能可以快速查询到客人询问的房型价格,楼层信息(Floor Plan)功能可以快速查询酒店房型、朝向等信息,预订时可以灵活使用。

3.办公室秘书马特和成本控制经理李艳红均将预订成功的信息告知董事长,董事长选择了价格较低的预订,而将另外一个预订取消。

关键步骤操作提示:

预订取消可以通过点击更新预订对话框→选定马腾的预订(马特做的,即预订价格较高的预订)→点击【取消(Cancel)】按钮,进入预订取消对话框→在【原因(Reasons)】下拉框中选择"重复预订"→点击【确认(OK)】,完成预订取消操作。返回到更新预订对话框→查看到预订状态变为"Cancelled"(取消)。

4.根据新完成的预订,生成预订确认信,并使用 Word 字处理软件打开预订确认信。

关键步骤操作提示:

预订确认信可以通过点击更新预订对话框的【选项(Options)】按钮,在【预订选项(Reservation Options)】功能对话框中选择【确认信(Confirmation)】,就可以生成预订确认信。

5.生成 Excel 格式的预订报表"2 Reservations:entered by/on",并将报表上传。

关键步骤操作提示:

点击【Miscellaneous】→【Reports】→在右上角报表类型选择区选择"Reservations",在左边报表选择区选择"2 Reservations:enter on/by",在报表生成类型中选择"Export"(输出),在报表输出格式中选择"Excel Files"(Excel 文件格式)和存储文件的地址、文件名→点击下方【Print】按钮,在弹出的对话框中的【enter on】栏输入日期(如 01/01/10),【enter by】栏输入登录的账户名(如 TRAINER)→点击【OK】,就生成当日所做的全部预订报表。

实训 5
预订中费用的处理

预订的功能包括:新建预订、查找预订、更新预订、生成报表;用房量控制、取消预订、确认订房、等候名单、房间分配、预订保证金及拼房等。这些功能有助于为客人提供个性化服务。

预订中会涉及相关费用处理的操作。客人出于报销目的或者不同费用有不同的结算人(结算方式),要求酒店对其消费项目自动入账到不同的账单中,这是预订选项中的分账功能。客人预订中需要两人或多人共同分摊房费,涉及预订选项功能中拼房操作。陪同领导出差人员(如翻译、秘书等),以及随家长旅行的孩子等,这类人员没有自己的预订订单,但在酒店中一定要有档案(客户资料),这涉及预订选项功能中陪同操作。一些酒店为了确保预订能够实现,常常要求客人在预订时支付一定的预付款(预订保证金)。

本实训任务要求领会预订过程中客人提出的各种费用支付要求,主要完成预订中分账(Routing)、拼房(Share)和陪同(Accompanying)、预订保证金(Deposit)等操作。

一、实训目标

1. 熟练掌握分账、拼房和陪同等操作;
2. 理解拼房和陪同的差异及其费用处理;
3. 熟练掌握保证类预订的操作及预订保证金的处理。

行业案例

预订房型出错

二、实训内容

工作任务 501:预订中的分账收费
工作任务 502:预订保证金的收取
工作任务 503:拼房与陪同

三、实训课时

2 学时。

四、实训步骤和方法

➢ 工作任务501：预订中的分账收费

任务情境1：

客人（名为张雪）预订一间豪华大床房（DKN），房费由中国移动公司（China Mobile）支付，其他费用自付。请按照要求将信息输入PMS系统。

◇ 操作方法

先完成张雪客人的预订，在预订信息录入对话框中【Company】栏务必选择"China Mobile"→点击【选项（Options）】按钮，弹出预订选项功能对话框→选择【分账（Routing）】，弹出分账操作对话框（见图5-1）→点击【新建（New）】按钮，弹出新建子账单对话框（见图5-2）→点击【消费项目（Department）】下拉菜单，选择房费（Room & Tax），点击【OK】按钮，返回新建子账单对话框。点击【姓名（Name）】栏，选择"China Mobile"→点击【支付方式（Payment）】，选择挂账（City Ledger）→点击【确认（OK）】按钮，返回分账操作对话框。点击【关闭（Close）】按钮，退出分账操作。系统刷新客人账户信息→点击预订选项功能对话框的【提前账单（Pre-Bill）】，弹出收银员身份登录界面（见图5-3）→在【Password】栏输入"TRAINER"，点击【Yes】按钮进入张雪客人账单（见图5-4）→可以查看到，当前客人消费账目被分成两份账单，一份由客人自己支付，一份由中国移动公司支付。

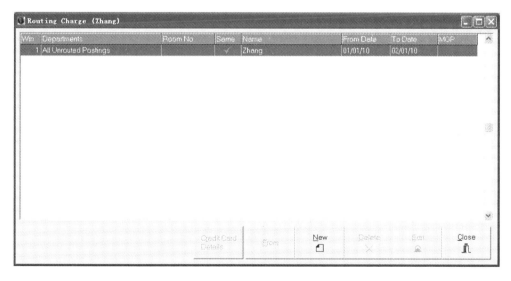

图5-1 分账操作对话框

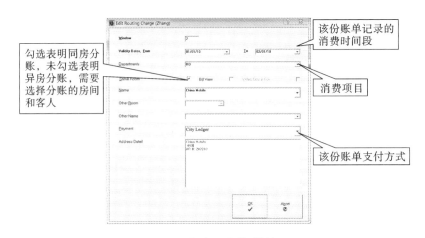

图 5-2 新建子账单对话框

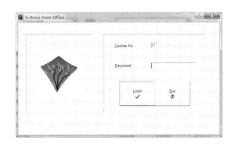

图 5-3 收银员登录界面

图 5-4 张雪客人账户情况

任务情境 2：

Nicola Grey 女士预订大床（DKN）无烟房，该客人为 IBM 公司 CEO，酒店设为 VIP3 客人，房间放置果篮，所有费用由公司支付。请按照要求将信息输入 PMS 系统。

实训 5　预订中费用的处理

◇ **操作方法**

先完成 Nicola Grey 女士的预订，在预订信息录入对话框中【Company】栏务必选择"IBM"→点击【选项（Options）】按钮，弹出预订选项功能对话框→选择【分账（Routing）】，弹出分账操作对话框。点击【新建（New）】按钮，弹出新建子账单对话框→点击【消费项目（Department）】下拉菜单，选择所有消费项目（All Department Codes），点击【OK】按钮，返回新建子账单对话框→点击【姓名（Name）】栏，选择"IBM"→点击【支付方式（Payment）】，选择挂账（City Ledger）→点击【确认（OK）】按钮，返回分账操作对话框。点击【关闭（Close）】按钮，退出分账操作。然后系统刷新客人账户信息。

任务情境 3：

客人（名为李明）为 IBM 公司雇员，以公司协议价（假设协议价为 CORP1）入住标准大床房（SKN），房费、电话费和洗衣费为公司负担，其他自付。请按照要求将信息输入 PMS 系统。

◇ **操作方法**

先完成李明客人的预订，在预订信息录入对话框中【Company】栏务必选择"IBM"→点击【选项（Options）】按钮，弹出预订选项功能对话框→选择【分账（Routing）】，弹出分账操作对话框。点击【新建（New）】按钮，弹出新建子账单对话框→点击【消费项目（Department）】下拉菜单，选择房费（Room & Tax）、电话费（Telephone）和洗衣费（Laundry），点击【OK】按钮，返回新建子账单对话框。点击【姓名（Name）】，选择"IBM"→点击【支付方式（Payment）】，选择"Cash"（因为结账时拿回公司报销）→点击【确认（OK）】按钮，返回分账操作对话框。点击【关闭（Close）】按钮，退出分账操作。然后系统刷新客人账户信息。

任务情境 4：

客人李钟楚为福建世纪信息技术有限公司的 CEO，为酒店 VIP3 级客人（VIP-Meeting Planner），客人通过电话预订一间豪华大床房，一个间夜，门市价。因不满意预订部同事的服务而投诉，经前厅部经理批准，酒店为客人免费升级到套房，并且房费打了 8 折（按大床房门市价 8 折收费）。请按照要求将信息输入 PMS 系统。

◇ **操作方法**

点击【预订（Reservations）】→【新建预订（New Reservation）】→在预订信息录入对话框输入相应信息，点击【保存（Save）】，完成李钟楚的预订。点击【更新预订（Update Reservations）】，在预订查询对话框【Guest Name】栏输入"Li"，【First Name】栏输入"Zhongchu"→弹出更新预订对话框→选择李钟楚的预订→点击【修改（Edit）】，进入预订信息对话框。在【折扣（Discount）】栏输入"20%"，【折扣原因（Reason）】选择"Front Office Manager"（前厅部经理特批），【价格（Rate）】栏变为 8 折优惠价→选择固定房价（Fixed Rate），房价保持为大床房价，然后【房型（Rm Type）】修改为套房（SUI）（见图 5-5）。点击【确认（OK）】按钮，完成免费升级房型操作。

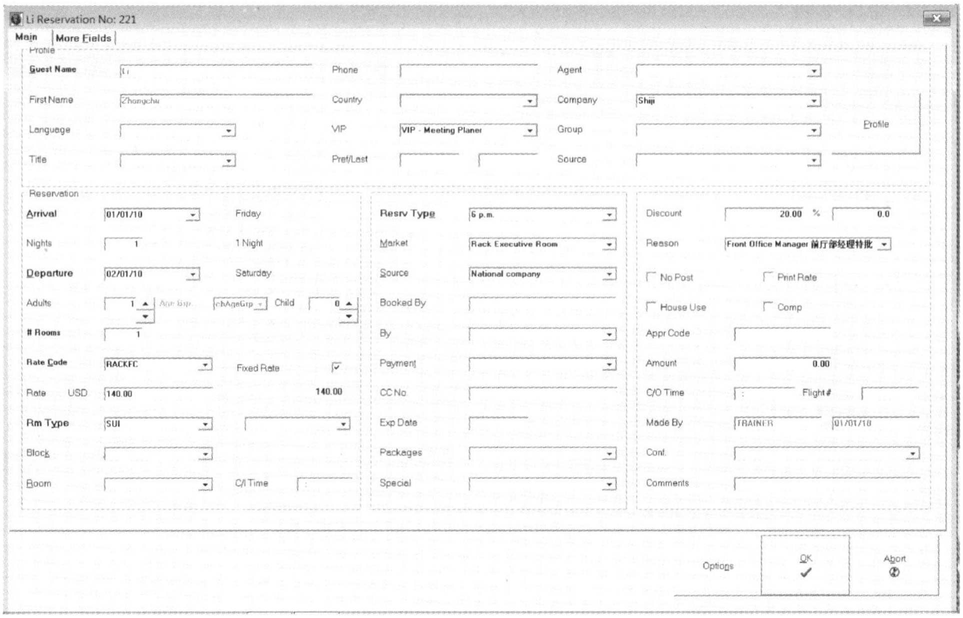

图 5-5 客人免费升级到套房操作对话框

操作技巧

当客人入住期间消费项目付款方式不同时,如房费由公司支付,而其个人餐饮、Mini-Bar 等消费由个人支付,可以通过分账(Routing)功能实现。分账(Routing)就是将客人的消费账目分为多份子账单,每份子账单记录客人的一部分消费项目,每份子账单可以使用不同的支付方式。

> 工作任务 502:预订保证金的收取

任务情境:

客人(名为李娜)一家三口(两大一小)来漳州旅游,订 1 间标准双床房,住 5 个间夜,门市价,要求酒店在房间加床,加床费用为 50 元/晚。因旺季酒店要求客人交纳预订保证金 1000 元,预订类型改为信用卡保证类预订(Gtd. Credit Card)。请按照要求将信息输入 PMS 系统。

◇ **操作方法**

点击【预订(Reservations)】→【新建预订(New Reservation)】→在预订信息录入对话框输入相应信息→点击预订信息录入对话框下方的【选项(Options)】,进入预订选项功能对话框→选择固定费用(Fixed Charges),弹出固定费用对话框(见图 5-6)。选择新建固定费用,弹出【编辑固定费用(Edit Fixed Charges)】对话框(见图 5-7)。在【项目(Department)】栏选择加床费(102-Extra Room Charge),【价格(Price)】栏输入"50",点击【确认(OK)】按钮,完成加床费用的操作。点击预订选项功能对话框的【提前账单(Pre-Bill)】,弹出收银员身份登录界面→在【Password】栏输入"TRAINER",点击【Yes】按钮,进入李娜客人账单→点击【预订保证金(Deposit)】按钮,弹出保证金支付对话框(见图 5-8)。在【金额

图 5-6　固定费用对话框

图 5-7　编辑固定费用对话框

图 5-8　保证金支付对话框

(Amount)】输入缴纳保证金金额"1000",在【预订类型(Reservation Type)】栏选择保证类预订(Gtd. Credit Card)→点击【抛账(Post)】,完成预订保证金收取的操作。最后返回到预订信息录入对话框→点击【确认(OK)】按钮,完成客人李娜的预订。

操作技巧

预订保证金的收取操作通过预订保证金(Deposit)功能完成,操作中预订类型(Reservation Type)要修改为保证类预订(Gtd. Credit Card)。

知识活页

预订的种类

1. 临时类预订(Advance Reservation)

临时类预订指客人在即将抵达酒店前很短的时间内或在到达的当天联系订房。

2. 确认类预订(Confirmed Reservation)

确认类预订指酒店可以事先声明为客人保留客房至某一具体时间,过了规定时间,客人如未抵店,也未与酒店联系,酒店则有权将客房租给其他客人。

3. 等待类预订(Waiting List Reservation)

等待类预订亦称"候补订房",酒店无法接受更多的订房时,为了保障酒店的收益和满足客人的需要,酒店会把额满后的订房放在候补名单上,一旦有取消预订或提前退房,酒店便会安排候补名单上的客人来住店。

4. 保证类预订(Guaranteed Reservation)

保证类预订指客人通过预付定金、信用卡担保、签订合同等方式,保证在约定的时间入住所需的客房。

资料来源 许鹏,梁铮.酒店管理信息系统教程实训手册[M].3版.北京:中国旅游出版社,2021.

➢ **工作任务503**:拼房与陪同

任务情境1:

客人林达(Lin Da)与客人陆冲(Lu Chong)同住一间标准双床房(STW),房费由两个人平摊,其他个人费用各自负担。入住日期为2010-01-01,离店日期为2010-01-03,价格代码(Rate Code)为RACKFC,来源(Source)为NAC(National Company)。请按照要求将信息输入PMS系统。

◇ **操作方法**

先完成林达的预订保存,然后查找修改林达的预订(Update Reservations)。点击

【选项（Options）】按钮，弹出预订选项功能对话框→选择【拼房（Shares）】，弹出【合并同住预订（Combine Share Reservations）】对话框（见图 5-9）→选择【新建预订（New Reserv.）】，弹出新建预订并拼房操作对话框（见图 5-10）→在【Last Name】栏输入"Lu"，在【First Name】栏输入"Chong"→点击【OK】确认同住人后，进入房费划分方式对话框（见图 5-11）→选择【平摊（Split）】，房费由两人分摊相同金额→点击【OK】完成拼房操作。

拼房操作完成后，可以通过查找修改预订功能，看到拼房标志（见图 5-12）。

图 5-9　合并同住预订对话框

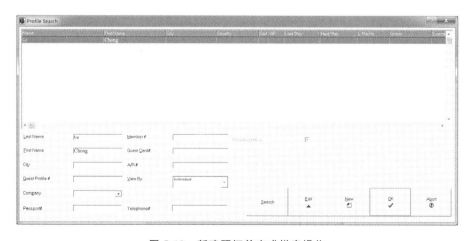

图 5-10　新建预订并完成拼房操作

图 5-11　房费划分方式对话框

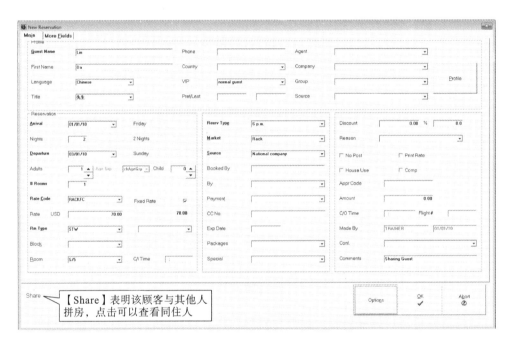

图 5-12　客人预订对话框中可以看到拼房标志

操作技巧

拼房操作的关键步骤在于房费划分方式的确定,【Zero】是指由一位客人承担全部房费,【Split】是指每人平摊相同金额,【Full】是指每位客人支付价格代码全价费用。

任务情境 2:

客人为某公司董事长张女士,带女儿习洋洋入住某酒店,预订房间时提出房费由张女士支付,希望低调处理女儿的资料(即对女儿的资料保密)。请按照要求将信息输入PMS 系统。

◇ 操作方法

先完成张女士的预订。在新建预订或修改预订时选择【Options】→【Accompanying】,弹出陪同操作对话框(见图5-13)。选择【New】,新建陪同者→在陪同者信息录入对话框依次输入相应信息(见图5-14)。点击【OK】按钮,即可完成新建陪同者操作。

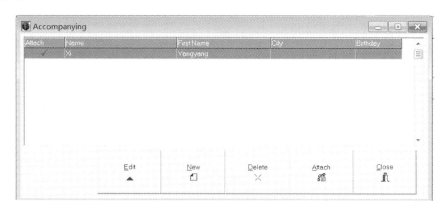

图 5-13　陪同操作对话框

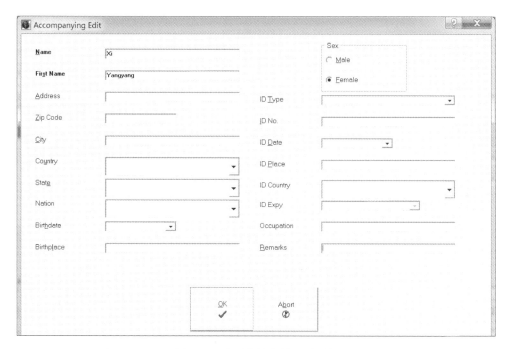

图 5-14　陪同者信息录入对话框

 操作技巧

不同于拼房操作,在陪同操作中,陪同者不需要关联档案,使用在店客人功能也无法查找到客人信息,非常适用于保密入住、儿童客人等操作。

五、实训考核与评分

（一）考核项目

1. 熟练掌握分账的操作；
2. 完成拼房和陪同的操作；
3. 完成收取预订保证金的操作。

（二）实训评分（见表 5-1）

表 5-1　实训评分

序号	评价类型	评价内容	分值	评分
1	过程评价（50 分）	参与讨论	10	
2		工作数量	10	
3		工作质量	10	
4		对外沟通	10	
5		团结协作	10	
6	结果评价（50 分）	预订中的分账收费	25	
7		预订保证金的收取	10	
8		拼房与陪同	15	
		合计	100	

六、实训小结

实训5　预订中费用的处理

1. 分账（Routing）：将客人的消费账目分为多份子账单，每份子账单记录客人的一部分消费项目，每份子账单可以使用不同的支付方式

2. 预订保证金的收取操作可以通过预订选项（Reservation Options）中的【Deposit】功能完成

3. 拼房（Share）操作中客人地位是平等的，陪同（Accompanying）操作中客人地位是不平等的，陪同者不需要关联客人资料，依赖于登记信息的客人，使用在店客人功能也无法查询到陪同者客人信息，非常适用于保密入住、儿童客人等操作

4. 拼房操作中房费划分方式：【Zero】是指由一位客人承担全部房费，【Split】是指每人平摊相同金额，【Full】是指每位客人支付价格代码全价费用

5. 分账、预订保证金、拼房和陪同等操作，均可通过预订选项（Reservation Options）中的功能完成

七、实训拓展

1.酒店给水仙花贸易公司董事长刘建顺先生的房价为特殊价格,不可以自动更改,只可手动更改房价。请按照要求将信息输入 PMS 系统。

关键步骤操作提示:

题目中"不可以自动更改,只可手动更改房价",在预订信息录入对话框中勾选【固定房价(Fixed Rate)】,房价保持为输入的价格。

2.客人(名为张怡)通过电话预订 1 间标准间,2 个间夜,门市价。现为客人免费升级房间到套房。请按照要求将信息输入 PMS 系统。

关键步骤操作提示:

先完成标准间的预订,然后勾选【固定房价(Fixed Rate)】,修改房型(Rm Type)为套房,房价保持为标准间的价格。

3.客人(名为张良英)通过中央预订系统预订 1 间标准双人床有烟房,中央预订系统号码为 53DH4B。请按照要求将信息输入 PMS 系统。

关键步骤操作提示:

通过中央预订系统预订,预订来源选择"CRS";中央预订系统号码为 53DH4B,在【More Fields】选项卡中的【CRS Reservation #】栏输入。

4.在店客人(名为张锋勇)预订 2 间房,所有的信息与张锋勇客人的信息相同,2 间房的所有费用由张锋勇支付。请按照要求将信息输入 PMS 系统。

关键步骤操作提示:

先预订 2 间房,预订时选择【Options】的分账(Routing)功能,在新建子账单对话框【Department】中选择所有消费项目(All Department Codes),取消勾选【Same Room】,【Other Room】选择张锋勇房间号,实现 2 间房的所有费用全部由张锋勇客人支付。

5.以自己的名字建立预订,时间为 5 天以后入住(从今天起至 5 天以后),客人住 3 个间夜,使用 Rack 价格代码,保留客史,客人交押金 1000 元。请按照要求将信息输入 PMS 系统。

关键步骤操作提示:

客人交预订保证金是通过预订选项功能对话框的【提前账单(Pre-Bill)】实现,以收银员身份登录,点击【预订保证金(Deposit)】按钮,弹出保证金支付对话框,在【金额(Amount)】栏输入缴纳保证金金额"1000",【预订类型(Reservation Type)】栏选择"保证类预订"(Gtd. Credit Card),点击【抛账(Post)】,完成预订保证金收取的操作。

6.IBM 公司为周琳与王博分别预订了 1 间标准双人房。房费由公司支付,杂费自付。请按照要求将信息输入 PMS 系统。

关键步骤操作提示:

预订时选择【Options】的分账(Routing)功能,在新建子账单对话框的【Department】中选择房费(Room & Tax),【Name】栏选择公司名称或客户自己名称(如无公司名称),账目分成 2 份子账单。

7. 客人赵伟在酒店前台办理入住，在大堂碰到好友周艺，两人决定同住一间房，以此延续友情，因为赵伟是出公差，故房费由赵伟支付。请按照要求将信息输入 PMS 系统。

关键步骤操作提示：

办理赵伟入住时点击【Options】按钮，弹出预订选项功能对话框，选择【拼房(Shares)】，弹出【合并同住预订(Combine Share Reservations)】对话框，选择【新建预订(New Reserv.)】，弹出新建预订并拼房操作对话框，输入周艺姓名(英文)后点击【OK】确认同住人，进入房费划分方式对话框，选择【Zero】(注意要先选定赵伟客人)，房费由赵伟支付，点击【确定(OK)】完成拼房操作。

8. 在 PMS 系统中制作两个人的合住预订。第一位客人(档案用自己的姓名建立)做 2010 年 1 月 1 日—4 日为期 4 天的预订，该客人代表 HP 公司来开会(公司档案自建，要求有协议价和 AR 号)，前两天属于公派，房费和洗衣费由公司支付(以挂账形式支付)，房费享受协议价；后两天属于私人游玩，房费用自己的长城卡支付。第二位客人(名为周剑锋)于 2010 年 1 月 3 日起入住，与第一位客人合住一天。房费由第一位客人支付，第二位客人用现金支付餐费和电话费。在第一位客人办理入住时，设置系统提示"请客人出示名片"。

关键步骤操作提示：

新建第一位客人预订时选择【Options】的分账(Routing)功能，在新建子账单(第二份子账单)对话框中的【有效日期(Validity Dates)】栏选择 2010 年 1 月 1 日—2 日，【Department】栏勾选房费(Room & Tax)和洗衣费(Laundry)，【Name】栏选 HP 公司，【Payment】栏选择挂账(City Ledger)，完成前 2 天消费项目的分账。再新建一份子账单，【有效日期(Validity Dates)】栏输入 2010 年 1 月 3 日—4 日，【Department】栏勾选房费(Room & Tax)，【Name】栏选客人自己姓名，【Payment】栏选择长城卡，完成后 2 天房费项目的分账。

与第二位客人(名为周剑锋)合住，可以通过【Options】的拼房(Shares)功能实现，在房费划分方式对话框中选择【Zero】(注意要先选定第一位客人)，房费由第一位客人支付。再次选定第一位客人的预订，选择【Options】的分账(Routing)功能，再新建一份子账单(Window 4)，【有效日期(Validity Dates)】输入 2010 年 1 月 3 日—4 日，【Department】栏勾选餐费(Food & Beverage)和电话费(Telephone)，【Name】栏选择第二位客人姓名，【Payment】选择现金，完成后 2 天餐费和电话费的分账。

实训 6 团 队 预 订

团队预订是相对散客预订而言,预订 5 间以上成团或者 8 间成团,这取决于不同酒店的具体规定。团队一般包括客房团队、宴会团队。客房团队主要指旅行团队、会议团队,宴会团队包括不住房宴会预订、住房宴会预订 2 种类型。

本实训任务主要是模拟团队住房预订功能和处理流程,完成散客成团(Party)、标准团队(Standard Group 或 Group,简称团队)和配额团队(Block)等类型团队预订。团队预订过程包括:新建团队档案(New);新建团队预订(Group);团队锁房(Grid);团队分房列表(Rooming List);团队预订分房(Room Block)。

一、实训目标

1. 理解散客成团、标准团队和配额团队的异同;
2. 根据客人要求完成不同类型的团队预订;
3. 对团队预订进行查询、变更和取消等操作。

二、实训内容

工作任务 601:散客成团操作
工作任务 602:标准团队预订
工作任务 603:配额团队预订

三、实训课时

4 学时。

四、实训步骤和方法

➢ 工作任务601：散客成团操作

任务情境1：

客人熊琳预订3间无烟大床房，门市价。

◇ **操作方法**

散客成团预订与普通散客预订操作相似，只需在预订客房数量时输入大于1的数字即可（见图6-1）。

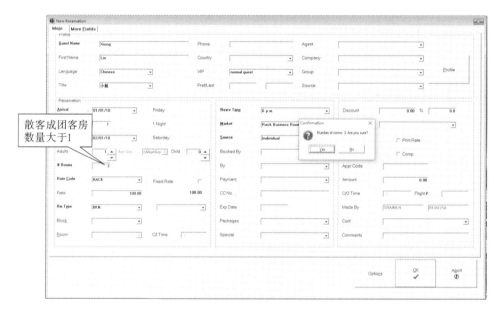

图6-1 散团预订

任务情境2：

客人入住前，酒店得知3间客房的实际入住人分别为熊琳、林艺和陈雅坚。请将预订人修改为实际入住人。

◇ **操作方法**

单击【Reservations】→【更新预订（Update Reservations）】→找到并选定熊琳的预订，选择【Options】→【Party】，弹出【散团预订（Party Reservation）】对话框（见图6-2）。点击【Split All】，将预订分成3个→点击第二行【客人姓名（Guest Name）】下拉菜单，弹出【档案搜索（Profile Search）】对话框→在【Guest Name】栏输入客人姓（Lin），在【First Name】栏输入客人名（Yi）→点击【搜索（Search）】，系统没有林艺档案，则点击【新建（New）】→完成林艺档案的输入，点击【Save】按钮，返回到【散团预订（Party Reservation）】对话框→依次完成第三位客人档案的输入。3位客人全部更改完姓名后，点击【散团预订(Party Reservation)】对话框中的【Save】按钮,3个预订的状态全部更新为【预期到达(Expected)】。

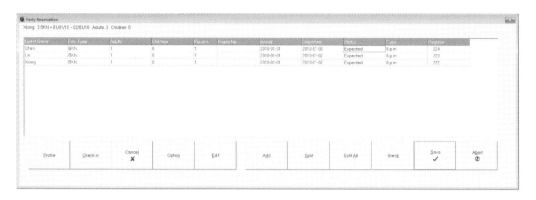

图 6-2　散团预订对话框

> **知识活页**
>
> 　　散团预订是指一位客人预订了多间客房,但客房数量尚未达到团队的需求的预订。
> 　　标准团队是为5人或成员更多的团队建立预订的模式,团队成员的共同特点是来自同一个公司、旅行团等,到店日期、离店日期相同。
> 　　散团预订与标准团队的区别是:标准团队中的每个成员有一个共同的应收挂账(City Ledger);散客成团中每个成员之间的关系是平等的,没有共同的团账。

> 工作任务 602:标准团队预订

任务情境 1:

酒店与漳州中国旅行社,简称漳州中旅社(ZZCTS)签订合作协议,合同价格代码为 CORP2。请为漳州中旅社建立旅行社类型的档案并存储相关信息。

◇ **操作方法**

漳州中旅社的档案操作详见实训 2 中的工作任务 202 之任务情境 1。不同的是,需要在弹出的档案选择对话框中选择旅行社类型。

任务情境 2:

漳州中旅社接待一个香港来的团队,向酒店提出了团队用房预订,具体要求如表 6-1 所示。

表 6-1　漳州中旅社团队订房的具体要求

公司名	漳州中国旅行社（漳州中旅社）	英文名	ZZCTS
联系人	谢佳林	联系电话	0596-2222223
入住时间	2010年1月10日	离店时间	2010年1月13日
房型	标准双床房（STW）	房间数量	10间
费用方式	房费由漳州中旅社支付，其他费用由团队成员自理	支付方式	挂账
其他要求	要求为每间房的每个成员提供一份早餐，每间房最多提供两份免费早餐，多出的要收费。		

◇ 操作方法

（1）先建立团队档案。

点击【Reservations】→【团队（Groups）】，弹出团队预订对话框（见图 6-3）→直接点击左下方【标准团队（Standard）】按钮，弹出标准团队操作对话框（见图 6-4）→在【团队代码（Group Name）】输入"ZZCTS0110"，点击【确定（OK）】，进入团队档案对话框（见图 6-5）→选择【新建（New）】→输入相应团队信息后保存退出，系统返回到标准团队操作对话框→点击【旅行社（Agent）】下拉菜单，选择漳州中旅社（ZZCTS），团队信息输入完成后，点击【确定（OK）】完成团队档案建立操作。

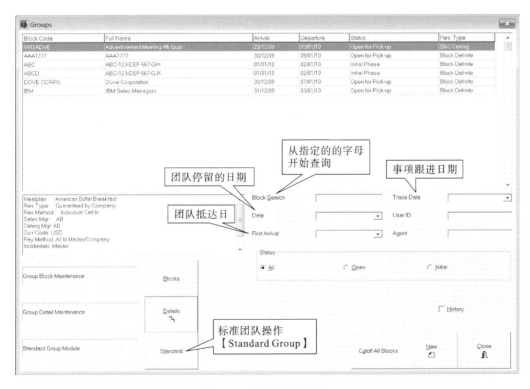

图 6-3　团队预订对话框

图 6-4　标准团队操作对话框

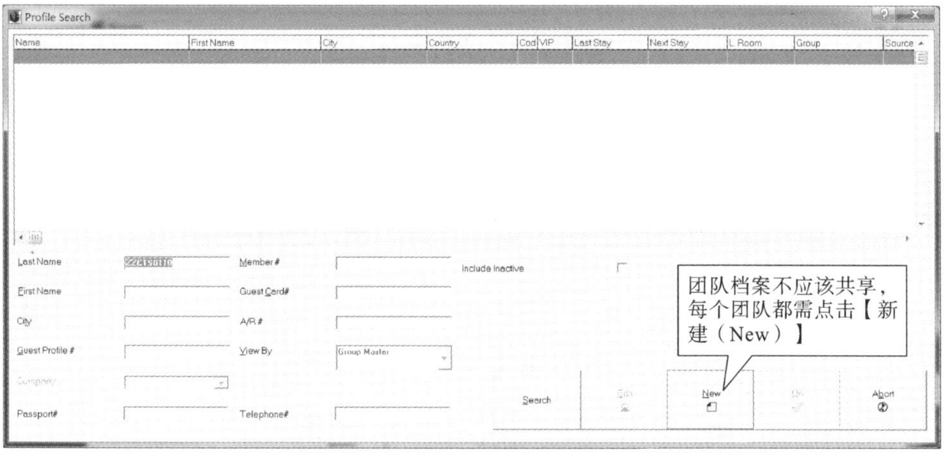

图 6-5　团队档案对话框

（2）建立团队主单预订。

系统进入主单预订建立对话框（见图 6-6）。输入相应预订信息，注意【房间数（#Rooms）】栏输入"10"，全部信息输入完后点击【确认（OK）】，进入【团队预订列表（Group Reservation List）】对话框（见图 6-7）。

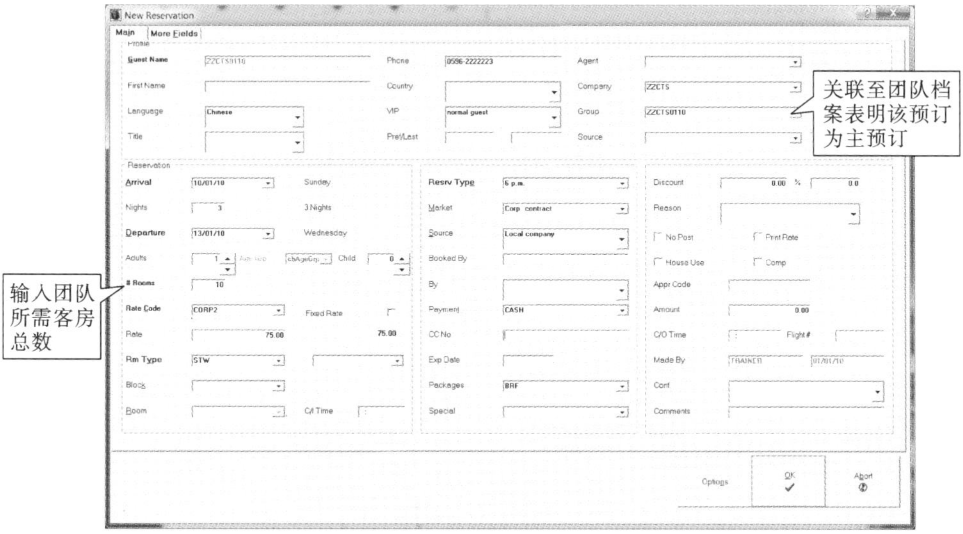

图 6-6　主单预订是所有成员预订的"模板"

图 6-7 团队预订列表对话框

(3) 新建成员预订。

在【团队预订列表（Group Reservation List）】对话框中，选择【团队选项（Group Options）】→【客房列表（Rooming List）】，进入【团队客房列表（Group Rooming List）】对话框（见图 6-8）。

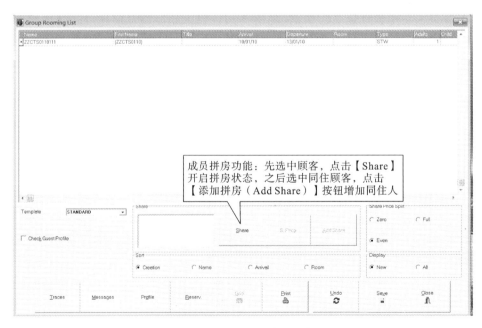

图 6-8 团队客房列表对话框

团队预订的姓名默认为"团队名+数字",如果已经获取了成员的姓名,可以直接在【团队客房列表(Group Rooming List)】对话框中修改,确认预订信息后点击【保存(Save)】按钮,系统会自动生成下一个成员预订。完成所有成员预订后点击【退出(Close)】按钮完成操作,预订会被记录,界面返回到【团队预订列表(Group Reservation List)】对话框(见图6-9),可以查看到主单预订房型变成"PM"(虚拟房、哑房)。

图 6-9 成员预订完成后的团队预订列表对话框

任务情境 3:

漳州中旅社发来了成员名单和身份证信息(练习时成员姓名、身份证信息自定),请输入团队名单。

◇ 操作方法

修改成员姓名和预订。在【团队预订列表(Group Reservation List)】对话框中选定一个成员的预订,点击【档案(Profile)】,输入成员姓名、性别、身份证等信息,点击【保存(Save)】按钮,然后退出。依次完成其他成员信息的修改。

任务情境 4:

领队单独一间,时间为团队入住到团队离店,预订房型为 STW,领队的个人信息包括姓名、身份证、联系地址、邮编和联系电话。

◇ 操作方法

在【团队预订列表(Group Reservation List)】对话框中任意选定一个成员,选择【团队选项(Group Options)】→【客房列表(Rooming List)】,在弹出的对话框中输入领队的姓名,点击【确定(Yes)】按钮,增添领队的预订,返回到【团队预订列表(Group Reservation List)】对话框。

任务情境 5:

为领队的住房免费升级到商务大床房(BKN)。

◇ 操作方法

选定领队的预订,点击【修改(Edit)】,勾选【固定房费(Fixed Charge)】,房型修改为商务大床房(BKN),点击【保存(Save)】按钮后退出,系统弹出【变更范围选择(Apply These Changes to...)】对话框(见图 6-10)。选择【应用于当前顾客(This Guest Only)】,系统只修改领队房型并免费升级。

图 6-10　变更范围选择对话框

任务情境 6:

请正确设立分账操作,成员房费由漳州中旅社支付,其他费用自理。

◇ 操作方法

这属于团队账务处理。任意选择一个成员,点击【团队选项(Group Options)】→【分账(Routing)】,将房费费用转至主单预订(见图 6-11、图 6-12)。

图 6-11　通过分账操作将成员房费转至主单预订

图 6-12 所有成员房费转至主单预订，其他费用自行结算

点击【退出（Close）】完成分账操作，系统弹出【变更范围选择（Apply These Changes to...）】对话框，选择【应用于团队所有顾客（All Guests in the Group/Party）】，这样就完成了所有成员费用的设定。

但是上面的操作也带来了一个错误——主单预订的费用也被转至自己。这样会造成转账错误，需要对主单费用进行单独的分账操作。具体方法为：选择主单预订，点击【团队选项（Group Options）】→【分账（Routing）】，可以查看到主单预订的【分账设置（Routing Charge）】（见图 6-13）。选择第二个子账单并点击【修改（Edit）】，将分账设置为【同房分账（Same Room）】，并且根据需要设置【支付方式（Payment）】（大多数团队结算使用计入应收账户进行结算），确认无误后点击【确认（OK）】（见图 6-14）。系统再次弹出【变更范围选择（Apply These Changes to...）】对话框，选择【应用于当前顾客（This Guest Only）】，确保修改只对主单预订生效。

图 6-13 主单预订的分账设置操作对话框

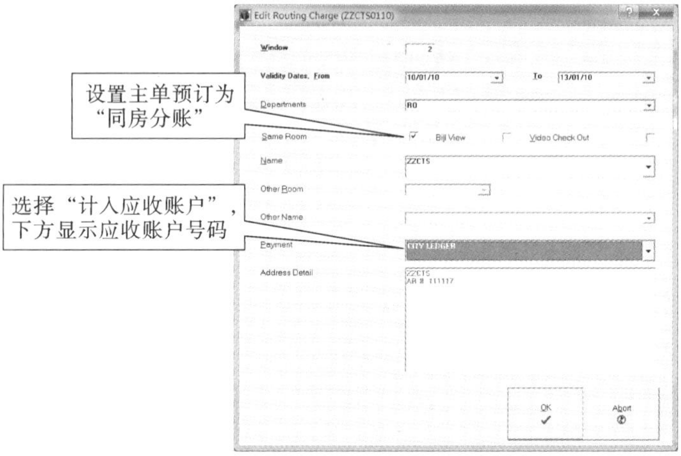

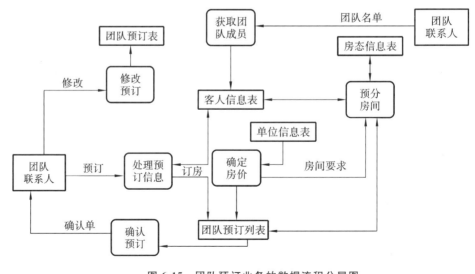

图 6-14　正确对主单预订进行分账设置

知识活页

团队预订管理主要是销售部的事情，一般由销售员跟进，先后经历询价、看场地（客房）、信用授权、签订合同、确定成员等步骤。相比散客预订，确定团队用房数量非常关键。团队预订由于所占房间较多，团队价格又较低，作为酒店更愿意将客房出租给散客以谋取更大的利润，所以一般酒店都会制定价格策略，限制团队预订的房间数。过多的团队用房会减少可用于散客的高价房，减少酒店收益。保持适当数量的团队用房可以给酒店高价销售散客房提供基础，同时提前预订数量也给酒店预测提供了基础。团队预订业务也离不开酒店各部门的协作，客房部需提供详细的各种类型可用房数量，前厅部需要提前分配房间、制作房卡，节省团队办理入住的时间。团队预订业务的数据流程分层图见图 6-15。

图 6-15　团队预订业务的数据流程分层图

➢ 工作任务 603：配额团队预订

任务情境 1：

酒店的协议单位漳州职业技术学院（ZZY）因组织会议，2月10日—13日需要预订多间客房，联系人为张老师，联系电话为0596-2660019，预订信息如表6-2所示。按协议价CORP2定价，酒店为漳州职业技术学院分配应收账号为111118。

表6-2 漳州职业技术学院预订信息

日期	房间总数	标准双床房	标准大床房	商务大床房	商务双床房
2010年2月10日	7	4	3	—	—
2010年2月11日	13	4	5	2	2
2010年2月12日	11	4	5	1	1
2010年2月13日	7	4	3	—	—

◇ **操作方法**

（1）建立漳州职业技术学院的档案。

详细步骤参考实训2中的工作任务202之任务情境1，其中应收账户输在【More Fields】对话框下的【A/R♯】栏。

（2）建立配额团队。

选择【Reservations】→点击【团队（Groups）】（或使用快捷键"Ctrl＋G"），弹出团队预订对话框（见图6-16）。在【配额团队搜索（Block Search）】中输入配额团队代码进行搜索，然后点击下方【新建（New）】按钮，开始新建配额团队，在【Block Headed】对话框中依次输入团队信息（见图6-17）。

图6-16 团队预订对话框可以新建和查询配额团队

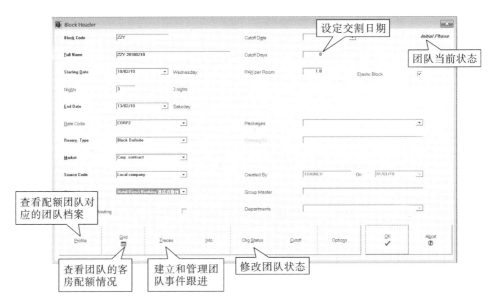

图 6-17 新建配额团队对话框

知识链接

团队信息输入完后,点击左下角【Profile】建立档案并关联,在相应栏目设定信息,完成操作后点击【OK】按钮退出,完成新建配额团队操作。此时团队预订处于初始状态,当前还不可以进行预订。

(3)分配团队配额。

Block Options 界面

在配额团队操作对话框中,点击【Grid】按钮,进入团队预订锁房操作对话框(见图6-18),在表中输入每天每种房型的配额,系统会自动计算客房数量。配额操作完成后,点击【Close】按钮,返回到配额团队操作对话框。

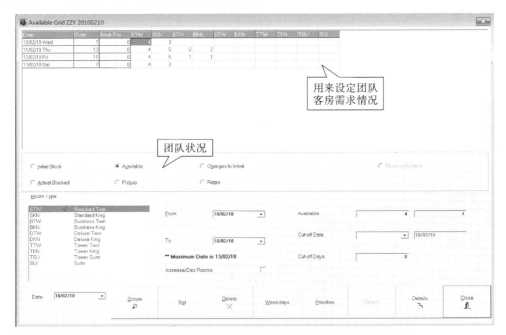

图 6-18 团队预订锁房操作对话框

> **知识活页**
>
> 每一次团队分配配额后,酒店可用总房数都会减少,可以使用【可用房查询(Detailed Availability)】功能查询酒店可用房信息。

知识链接

团队预订
锁房界面

(4)修改团队状态并建立主单预订。

当酒店收到学校组织者的合同和预订保证金后,将团队预订操作状态由初始状态(Initial Phase)修改为开放状态(Open for Pick-up)。

点击【变更团队状态(Chg. Status)】→【确定(Yes)】按钮,完成对团队状态修改。

当团队预订变为开放状态(Open for Pick-up),在团队操作对话框双击 ZZY 配额团队,系统弹出新建主单预订确认对话框(见图 6-19)。点击【确定(Yes)】按钮,进入新建主单预订信息输入对话框(见图 6-20),输入相关信息后点击【OK】按钮,即可看到团队预订列表对话框。

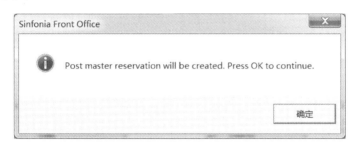

图 6-19　新建主单预订确认对话框

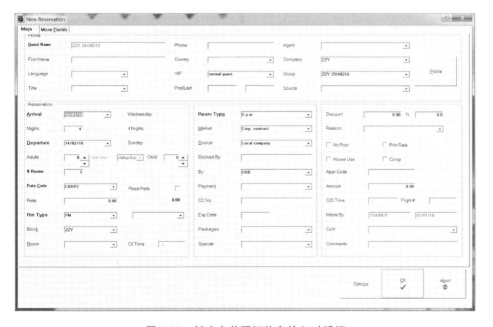

图 6-20　新建主单预订信息输入对话框

任务情境 2：

漳州职业技术学院将团队代码（Block Code）告知参会人员，由参会人员自行预订。请完成如表 6-3 所示的参会人员预订操作。

表 6-3　漳州职业技术学院参会人员预订信息

姓名	入住日期	离店日期	房型
郑岚	2月10日	2月13日	标准双床房
杨玲玲	2月10日	2月13日	标准双床房
李军	2月11日	2月13日	标准大床房
王红军	2月11日	2月13日	标准大床房
林碧书	2月11日	2月13日	标准大床房
黄福彩	2月12日	2月13日	商务大床房
林东	2月12日	2月13日	商务双床房

◇ 操作方法

按快捷键"Ctrl＋R"，打开【价格查询（Rate Query）】对话框，在【Arrival】栏输入"10/02/10"，在【Block】栏输入"ZZY 20100210"，查看到满足条件的团队配额。参会人员根据需要选定入住日期和房型后，点击【选择（Select）】按钮，进入成员预订对话框，成员预订对话框与散客预订的操作方法相同。依次完成表 6-3 中 7 位客人的预订，之后查看团队状态可配额使用情况（见图 6-21）。

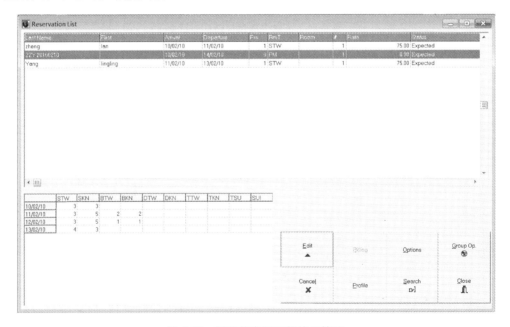

图 6-21　团队状态可配额使用情况

> **知识活页**
>
> 相比标准团队,配额团队中的成员入住日期、离店日期可以不同,而且预留的房间类型可以多种多样,客房数量也可以进行调整。标准团队预订可以看成是配额团队在成员人数恒定、房型一致、入住日期和离店日期集中的一种特殊情况,因此在酒店团队预订操作中配额团队比标准团队适用性更强。在 Opera PMS 系统中已经取消了标准团队,而将配额团队作为团队操作的唯一方法。

操作技巧

团队预订流程可以总结为 16 个字:先建团队,后建主单,添加成员,账户相连。

先建团队:先建团队包括分配团队代码、建立并关联协议单位档案、将团队关联至档案。建立团队代码是为了方便以后辨识团队和日后查找。建立并关联协议单位档案、将团队关联至档案,一方面可以将消费记录关联至该协议单位和团队,便于统计业务数据,另一方面便于应收账款的处理。

后建主单:后建团队主单预订是指主单预订成为团队成员预订的"模板",系统会为主单预订分配一间假房,以方便处理团队账目。

添加成员:系统通过对主单预订的复制,可以快速完成团队成员预订操作。在获取实际入住的顾客信息后,要及时对成员预订信息进行修改,使成员信息尽可能与实际情况一致。

账户相连:处理团队账务,首先对一个成员使用分账操作,将公付的费用转至团队主单预订的假房,并将该分账设定复制给每一个成员;接下来再次使用分账操作,将假房费用转至分账的公司或旅行社。

五、实训考核与评分

(一)考核项目

1. 完成散客成团操作;
2. 完成标准团队预订;
3. 完成配额团队预订。

(二)实训评分(见表6-4)

表6-4 实训评分

序号	评价类型	评价内容	分值	评分
1	过程评价(50分)	参与讨论	10	
2		工作数量	10	
3		工作质量	10	
4		对外沟通	10	
5		团结协作	10	
6	结果评价(50分)	散客成团操作	10	
7		标准团队预订	20	
8		配额团队预订	20	
		合计	100	

六、实训小结

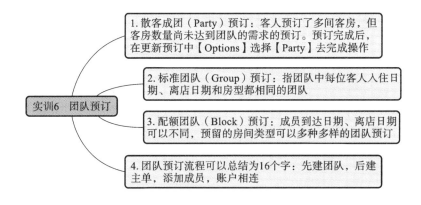

即测即评

团队预订

七、实训拓展

工作任务:旅行社团队订房操作

1.建立一个ZZCTS旅行社的北京来的团队预订,价格选择与旅行社签订的团队协议价格。

2.该团队用房具体要求如表6-5所示。

表 6-5　团队订房的具体要求

住店时期	房型	房间入住 1 人	房间入住 2 人	住店消费
1月1日—4日	ST	2	2	房费和餐饮费由旅行社支付
	SK	2	3	
1月2日—6日	DT	1	1	房费和餐饮费由旅行社支付
1月5日—8日	DK	2	2	个人支付

3.输入团队名单(人名自选),每个成员的个人信息包括姓名和身份证等。

关键步骤操作提示：

酒店应使用"块"的处理思路,将注意力集中在客房而不是成员,即在所有可用房中分割一个区域作为预留房,因此采用配额团队功能完成。

操作过程中两个难点：

(1)ST 和 SK 房型有几间会入住 2 人或 3 人,可以在成员预订时通过【Share】来实现,具体操作在【团队客房列表(Group Rooming List)】对话框中完成。

(2)ST、SK 和 DT 房型在入住期间的房费和餐饮费由旅行社支付,而 DK 房型入住期间则全部个人支付,因此在成员分账操作完成时设置变更范围选择对话框中要选择【应用于相同房型的顾客(Only Guests with the Same Room Type)】,具体操作如下：

以 ST 房型为例,任意选择一个 ST 房型成员,点击【Group Options】→【Routing】,将房费和餐饮费用转至主单预订(异房分账),点击【Close】完成分账操作。系统弹出【变更范围选择(Apply These Changes to...)】对话框,选择【应用于相同房型的顾客(Only Guests with the Same Room Type)】。这样的话,团队中所有 ST 房型的成员其房费和餐饮费转至旅行社来支付。

依此操作,可以继续完成 SK、DT 和 DK 房型费用的分账操作和变更范围设置操作。全部完成后处理主单的分账,将主单假房的费用转至旅行社,采用挂账支付。

实训 7　接待入住

前台模块包括查询预订、办理入住与分房、换房、加床、交押金、借用物品、黑名单、留言等功能。在主窗口的菜单栏中选择"Front Desk"菜单下的"Arrivals"子菜单，可以为预订客人和未预订客人提供入住登记服务。办理入住流程：客人出现在前台，出示证件；查找预订，识别客人有无预订；选择房间，支付押金，办理入住登记；入住单签字，入住办理完成。当客人抵店后，前台确认客人名字及预订，为其办理入住手续。客人提交身份证明的证件，支付押金，前台人员在系统中为其办理入住。在我国，客人的身份证件信息要上传到公安系统备案，一般前台人员会将客人身份证件信息扫描后录入系统客户资料中。

本实训任务主要是模拟有预订的散客和上门散客的入住登记办理、房间分配和打印在店客人报表等操作，能够利用 PMS 系统为客人提供优质的入住登记服务。

一、实训目标

1. 熟悉 Sinfonia 系统前台模块功能和客人入住登记程序；
2. 理解预订与入住的关系，能够利用档案和预订功能，快速、高效地为客人提供入住登记和优质服务；
3. 熟悉前台常用报表和表格，掌握利用经营统计数据开展收益管理，使经营收入最大化；
4. 利用 Sinfonia 系统快速、高效地为客人办理入住登记操作；
5. 熟悉入住时房间分配（派房）的基本方法。

二、实训内容

工作任务 701：基本入住（预订日入住、提前入住、无预订入住）
工作任务 702：房间的分配与选择
工作任务 703：打印在店客人报表

三、实训课时

2学时。

四、实训步骤和方法

➢ **工作任务701**:基本入住(预订日入住、提前入住、无预订入住)

任务情境1:
建立以下预订(注意预订客人的到达时间,后面的操作均与此有关)。
(1)周鑫鑫客人的预订。
- Name:周鑫鑫(Zhou Xinxin),为漳州平安花公司协议客人
- VIP:VIP3级
- Number of Rooms(房间数):1
- Room Type:DKN(Deluxe King)
- Rate Code:CORP2
- Arrival Date(入住日期):2010-01-01
- Departure Date(退房日期):2010-01-03
- Tel(联系电话):13660000000
- Source:NAC(National Company)

(2)唐紫馨客人的预订。
- Name:唐紫馨(Tang Zixin),通过携程网预订
- VIP:VIP1级
- Adults:2人
- Room Type:BTW(Business Twin)
- Rate Code:CORP3
- Number of Rooms(房间数):1
- Arrival Date(入住日期):2010-01-10
- Departure Date(退房日期):2010-01-12
- Tel(联系电话):13660000001
- Source:LOC(Local Company)

◎ **操作方法**
预订时请查看系统是否已经有漳州平安花公司和携程网的档案,因为在做周鑫鑫和唐紫馨的预订时要选择来自哪家协议单位。

分析思考

使用更新预订(Update Reservations)功能,不输入任何查找条件,直接点击【查找(Search)】,能查找到几个预订?使用到达者(Arrivals)功能,不输入任何查找条件,直接点击【查找(Search)】,能查找到几个预订?为什么两次查找会存在不同结果?

 操作技巧

在【Arrivals(到达者)】的查找中,Sinfonia 系统对预订进行两次搜索:第一次搜索的条件是"Guest Status = Expected" and "Arrival = Today";第二次搜索的条件是"Arrivals = From now on"。

任务情境 2:

为周鑫鑫办理入住手续,房间号采用系统自动分配,支付 300 元为押金,支付方式采用现金,制作 1 张房卡。

◇ 操作方法

(1)查找预订。

点击【前台(Front Desk)】→【到达者(Arrivals)】,弹出到达者搜索对话框(见图 7-1)。在【Name】栏输入"Zhou",【First Name】栏输入"Xinxin",点击【Search】按钮,弹出到达者操作对话框(见图 7-2)。

图 7-1 到达者搜索对话框

图 7-2 到达者操作对话框

(2)办理入住。

选定周鑫鑫的预订,点击【入住(Check-In)】,弹出分房操作对话框(见图7-3)。点击下拉按钮,选择手动分房,进入手动分房搜索操作对话框(见图7-4)。勾选【干净但没检查合格(Clean-Not Inspected)】(注意:现实酒店中都是要选Inspected,即合格状态的房间出售给客人),点击【查找(Search)】,显示查找符合状态的房间。勾选其中一间客房,点击【选择(Select)】,返回到分房操作对话框→点击【确认(OK)】,进入【支付方式(Payment Method)】对话框(见图7-5)。在【Method of Payment】栏点击下拉按钮→选择"CA CASH"(现金),点击【确认(OK)】,系统最后弹出【入住成功(Check In Successful)】提示框,点击【确认(OK)】按钮,就完成了周鑫鑫客人的入住。

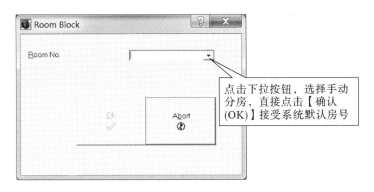

图7-3 分房操作对话框

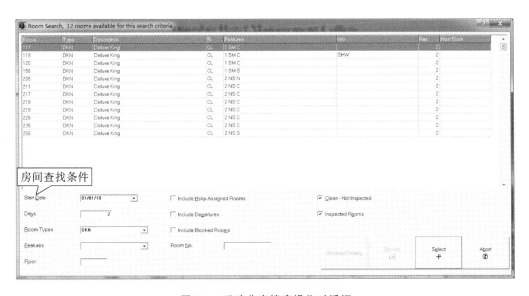

图7-4 手动分房搜索操作对话框

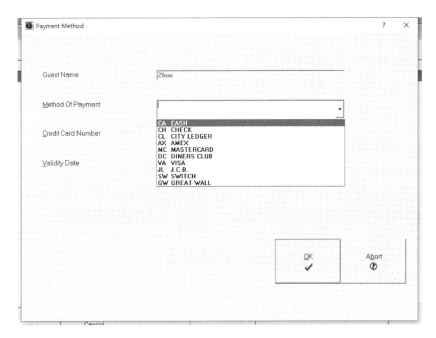

图 7-5　支付方式对话框

(3)办理押金支付。

选择【到达者(Arrivals)】,点击【选项(Options)】,弹出【预订选项(Reservation Options)】对话框→选择【账单(Billing)】→输入收银员密码登录(账号、密码均为 TRAINER)→出现客人的账单信息界面(见图 7-6)。点击【选项(Options)】,弹出【Check Out Options】对话框→选择【仅支付(Pay Only)】,弹出押金支付操作对话框(见图 7-7)→在【金额(Amount)】栏输入"300"→点击【抛账(Post)】,返回到周鑫鑫客人的账单信息的界面,可以查看到周鑫鑫客人账户的余额(Balance)变为"-300",即完成了押金的缴纳。

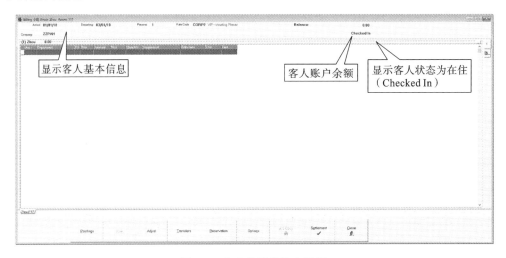

图 7-6　客人的账单信息界面

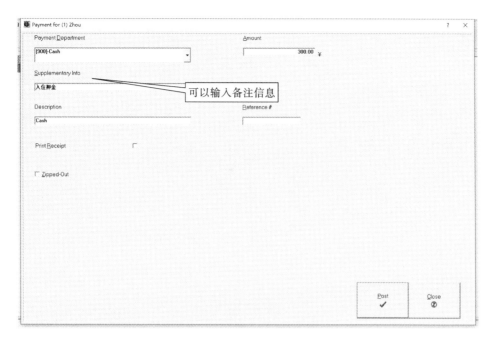

图 7-7　押金支付操作对话框

任务情境 3：

唐紫馨由于公务提前到达酒店，设法为唐紫馨办理入住手续（注意：价格是否需要变动），唐紫馨的离店时间改为 1 月 3 日，支付 500 元为押金，支付方式为支票。请为唐紫馨制作 2 张房卡。

◇ **操作方法**

点击【前台（Front Desk）】→选择【到达者（Arrivals）】，弹出到达者搜索对话框。在【Name】栏输入"Tang"，【First Name】栏输入"Zixin"，点击【Search】，系统第一次搜索不到，点击【Yes】进入第二次搜索→在到达者操作对话框下，【Check In】按钮不可用，点击【修改（Edit）】→在修改唐紫馨预订信息对话框中修改到店日期为今天 1 月 1 日，离店日期修改为 1 月 3 日，支付方式修改为支票（Check）→点击【确认（OK）】，返回到到达者操作对话框→点击【Check In】按钮办理入住，弹出分房操作对话框→点击下拉按钮进行手动分房，进入手动分房搜索对话框→勾选【干净但没检查合格（Clean-Not Inspected）】（注意：现实酒店中都是要选 Inspected，即合格状态的房间出售给客人），点击【Search】，显示查找符合状态的房间，勾选其中一间客房，点击【Select】，返回到分房操作对话框→点击【确认（OK）】，系统最后弹出【入住成功（Check In Successful）】提示框，返回到到达者操作对话框，接着要办理押金的手续。

在到达者操作对话框点击【选项（Options）】，弹出【预订选项（Reservation Options）】对话框→选择【账单（Billing）】→输入收银员密码登录→弹出唐紫馨的账单信息→点击【选项（Options）】，弹出【Check Out Options】对话框→选择【仅支付（Pay Only）】，弹出押金支付操作对话框（见图 7-8）。在【金额（Amount）】栏输入"500"，点击【抛账（Post）】，返回到唐紫馨账单的界面，可以查看到唐紫馨客人账户余额（Balance）变为"－500"，即完成了押金的缴纳。

图 7-8 押金支付操作对话框

 操作技巧

客人可以入住当且仅当客人有当日预订。

对于有预订的客人,只有当客人状态为当日预订到达,才可以办理入住。对于提前入住的客人,需要将客人的预订到达时间改成当日,方可为之办理入住。

 分析思考

使用更新预订(Update Reservations)功能,对周鑫鑫、唐紫馨的预订进行查找,能查找到几个预订?使用到达者(Arrivals)功能,对周鑫鑫、唐紫馨的预订进行查找,能查找到几个预订?如果没有查找到预订,系统在确认是否再次查找时选择进行第二次查找,能查找到几个预订?为什么 3 次查找结果会存在不同?

任务情境 4:

曾鑫晨得知周鑫鑫、唐紫馨前来漳州举办活动,到酒店约见面。请设法为无预订客人办理入住手续。

- Name:曾鑫晨(Zeng Xinchen)
- Rate Code:Walk In Rate
- Room Type:DKN
- VIP:VIP1 级

- Number of Rooms(房间数量):1
- Arrival Date(入住日期):2010-01-01
- Departure Date(退房日期):2010-01-03
- Contact Tel(联系电话):0596-61666666
- Source:NAC(National Company)
- Payment Method:Cash

◇ 操作方法

点击【前台(Front Desk)】→【到达者（Arrivals）】→【散客(Walk In)】,弹出无预订入住对话框（见图7-9）→输入客人姓名、到店日期、离店日期、房型等信息→点击【确认(OK)】保存→选择分房→确定支付方式→制作房卡→入住办理成功。

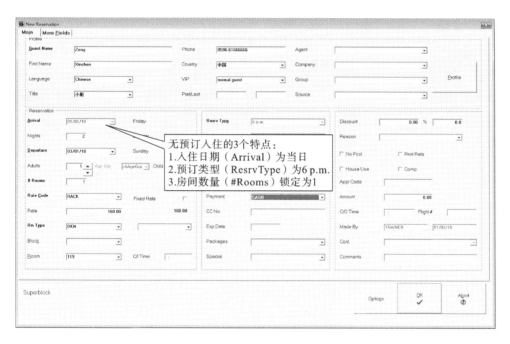

图 7-9　无预订入住操作对话框

操作技巧

无预订入住(Walk In)是前台员工为没有预订的客人办理预订,该功能可以看成是确定了入住日期、预订类型和房间数量的新建预订。

任务情境5：

查看周鑫鑫、唐紫馨、曾鑫晨3位客人的状态的分别是什么？

◇ 操作方法

点击【前台(Front Desk)】→【在店客人(In-House Guests)】,弹出【在店客人查找(In House Guest Search)】对话框（见图7-10）→输入房号、客人姓名等信息查找,点击

【Search】,弹出在店客人列表对话框(见图 7-11)→查看周鑫鑫客人状态为在住(Checked In)。依此步骤,可以分别查看到唐紫馨和曾鑫晨客人的状态。因此,周鑫鑫、唐紫馨、曾鑫晨 3 位客人的状态分别是在住(Checked In)、在住(Checked In)、无预订入住(Walk In)。

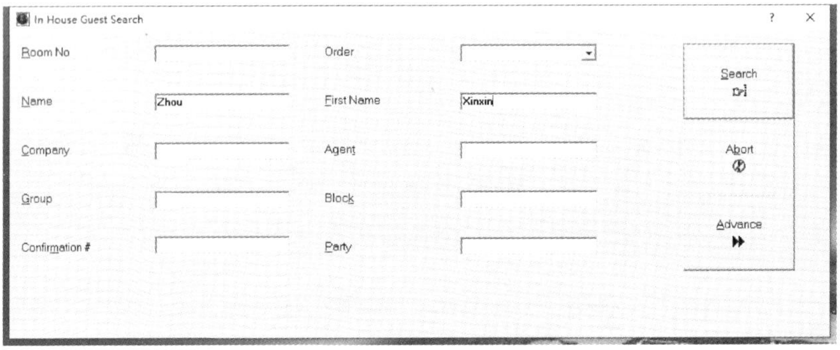

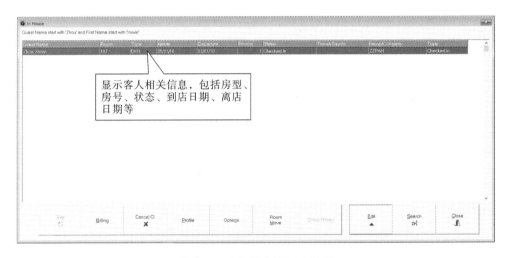

图 7-10　在店客人查找对话框

图 7-11　在店客人列表对话框

> 知识活页
>
> 　　入住(Check In)操作完成后,客人状态由预期到达(Expected)变为在住(Checked In),客房状态由空净(Vacant Clean,VC)变成占用净(Occupied Clean,OC)。

任务情境 6：

打印周鑫鑫、唐紫馨、曾鑫晨 3 位客人的入住登记单。

◇ 操作方法

点击【前台（Front Desk）】→【到达者（Arrivals）】，弹出到达者操作对话框（或者在店客人列表对话框）→点击【选项（Options）】→选择【入住登记单（Reg. Card）】（见图 7-12）→选择一种打印格式→点击【确认（OK）】（见图 7-13），完成客人入住登记单的打印。

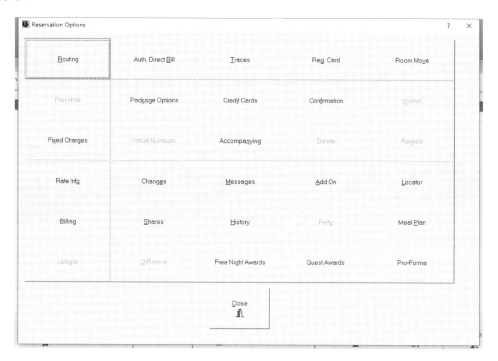

图 7-12　入住登记单功能调用

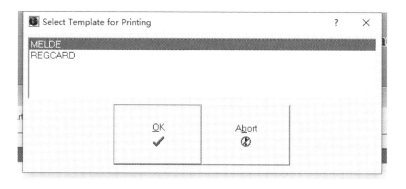

图 7-13　入住登记单打印对话框

➢ **工作任务 702**：房间的分配与选择

任务情境 1：

建立一个公司类型档案存储合同，信息如下。

• 公司名称：漳州发展股份有限公司

行业案例

维也纳酒店关于 PMS 系统前台操作财务管理要求的规定（入住登记）

- 英文简称:ZZDC
- 英文全称:Zhangzhou Development Co. Ltd.
- 公司地址:福建漳州市胜利东路发展广场 21 楼
- 邮政编码:363000
- E-mail:zzdc753@sina.com
- 联系人:Jack Chen
- Tel:0596-2671753
- Fax:0596-2671876
- 价格体系:根据公司每年的业务量,公司与酒店的价格按照 2 级公司协议(CORP2,Corporate 100—500RN)来确定。

◇ 操作方法

参考前面实训 2 中的工作任务 202 之任务情境 1 的操作方法完成漳州发展股份有限公司的档案建立。其中,价格体系 CORP2 输在【Ctrct. Rate】栏。

任务情境 2:

建立漳州发展股份有限公司刘佳敏小姐豪华大床房(DKN,Deluxe King)房型的预订,时间为 2010 年 1 月 1 日—1 月 3 日,价格按照合同价,预订来源为 NAC。

◇ 操作方法

参考前面实训 3 中的工作任务 302 之任务情境 2 的操作方法完成协议客人刘佳敏小姐的预订。不同的是,预订信息录入界面【档案(Profile)】部分的【公司(Company)】栏要选择"ZZDC"。

任务情境 3:

为刘佳敏小姐办理入住。在分配房型时,回答刘佳敏小姐如下问题。

(1)我需要一间需要 8 楼、朝北、不吵闹而且可以吸烟的房间。
(2)实在没有,朝向无所谓的有吗?
(3)那其他楼层呢?
(4)我预订过了的,你总得给我找间房吧?
(5)有正在打扫着的房间吗?
(6)有客人刚退掉的房间吗?
(7)有今天退房的客人吗?
(8)已经晚上 10 点了,能让我住进来吗?哪怕是维修房也行。
(9)怎么这个房型这么多人住啊?其他房型满了吗?

◇ 操作方法

分房操作时采取手动分房,在手动分房搜索操作对话框的【房型(Room Types)】栏选豪华大床房(DKN),【客房特征(Features)】栏选择吸烟房(Smoking)、朝北房(NV)和安静房(QR),【楼层(Floor)】栏输入"8"(见图 7-14)。点击【Search】→无符合条件的房间→依次减少查找条件扩大客房查找范围,最后都无房间可用来分房。

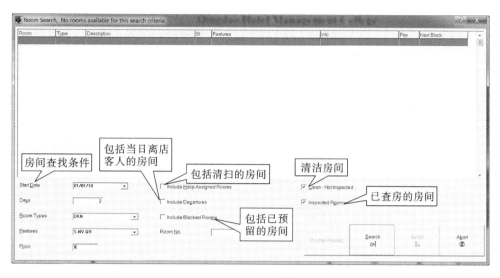

图 7-14 手动分房搜索对话框

任务情境 4：

为客人更换房型为标准大床房（SKN，Standard King），该房间需满足可以吸烟条件。

◇ **操作方法**

将手动分房搜索操作对话框中的【房型（Room Types）】修改为标准大床房（SKN），【客房特征（Features）】栏选择吸烟房（Smoking）→点击【Search】→找到符合条件的房间→选择一间给客人办理入住。

分配好房间后，确定收费方式为现金，制作房卡；客人要求先将行李放在前台，等客房收拾好后再将行李放入客房内；前台接待员招呼行李员帮助客人搬运行李，为客人指示客房或者电梯方向，最后祝客人入住快乐。

> **知识活页**
>
> 接待散客首先确认是否有预订，如果有预订则按预订信息核对证件和分配房间并收取住房押金。同时，建立客人住店期间的客人消费账户，然后制作房卡并通知开启房间电话。另外，根据客人要求，可以为其提供添置床位、调整房间等服务。散客接待业务的数据流程分层图见图 7-15。
>
> 接待团队的关键是确认该团队所订的房间数量、房型以及哪些费用是挂在团队总账上的。对团队的接待服务，一方面，酒店可以提供交通工具去机场或火车站接机或接站，应确认接机或接站的时间和地点、团队领队的联系电话，这些信息需要输入系统中；另一方面，还需要与酒店礼宾部沟通，按时去接收行李并确保不要出现丢失行李的差错。团队接待业务的数据流程分层图见图 7-16。

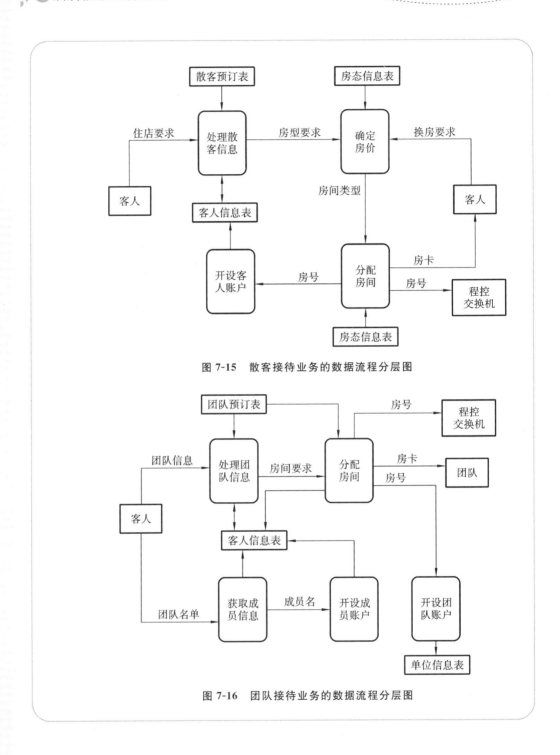

图 7-15　散客接待业务的数据流程分层图

图 7-16　团队接待业务的数据流程分层图

➢ 工作任务 703：打印在店客人报表

任务情境：

当日在店（Guests In House）功能可以显示当日在店的所有客人，是酒店客房部的常用功能,请打印 Guests In House 中的 Guest In House:Tonight 报表,并提交作业。

◇ **操作方法**

参考任务 204 的操作步骤,注意报表类型和格式的选择,生成当日在店的所有客人报表。

点击【Miscellaneous】→【Reports】→在右上角报表类型选择区选择"Guests In House"(当日在店),左边报表选择区选择"1 Guest In House:Tonight"→报表生成类型中选择"Export"(输出)→在报表输出格式中选择"Excel Files"(Excel 文件格式)和存储文件的地址、文件名(如学号+姓名+今日在店客人报表)→点击下方【Print】按钮→点击【OK】,就生成当日在店的客人报表。使用 Excel 打开生成的报表来审阅和分析,在确认文件无误之后,接下来,可以把生成的文件上传了。

五、实训考核与评分

(一)考核项目

1.完成接待入住的简单操作,了解常用支付方式;
2.根据客人要求,完成房间分配(派房)的操作;
3.熟悉前台常用报表和表格。

(二)实训评分(见表 7-1)

表 7-1 实训评分

序号	评价类型	评价内容	分值	评分
1	过程评价(50 分)	参与讨论	10	
2		工作数量	10	
3		工作质量	10	
4		对外沟通	10	
5		团结协作	10	
6	结果评价(50 分)	预订日入住操作	10	
7		有预订但提前到达的入住操作	10	
8		无预订客人的入住	10	
9		房间的分配	15	
10		打印当日在店客人报表	5	
		合计	100	

六、实训小结

```
实训7  接待入住
```

1. 办理入住操作：点击【前台（Front Desk）】→【到达者（Arrivals）】→搜索客人预订

2. 原则：在【到达者（Arrivals）】搜索中，第一次搜索的范围是当日预期到达的客人，第一次搜索不到则进入第二次搜索，查找范围是从今天开始（包括今天）所有预订的客人

3. 对于预订客人，只有当客人状态为当日预订到达（Expected）时才可以办理入住（Check In）；对于提前入住的客人，需要将客人的预订到达时间改成当日，方可为之办理入住

4. 无预订入住（Walk In）是前台员工为没有预订的客人办理预订，该功能可以看成是确定了入住日期、预订类型和房间数量的新建预订

5. 给客人办理入住时，排房操作点击【Room No.】可采取手动分房，在手动分房搜索操作对话框中房型（Room Type）、客房特征（Features）等输入客人需求，查找相应空房

6. 客人状态变化：入住（Check In）操作完成后，预订客人状态由预期到达（Expected）变为在住（Checked In），无预订的客人状态则为无预订入住房（Walk In）

7. 客房入住后，客房状态由空净（Vacant Clean, VC）变成占用净（Occupied Clean, OC）

8. 原则：客人可以入住当且仅当客人有当日的预订的房间

即测即评

接待入住

七、实训拓展

工作任务：接待入住

1. 客人（例如名为张雪）没有做任何预订，直接来到前台办理入住，要求大床房，住3个间夜，交押金2000元。按照要求将信息录入PMS系统。

关键步骤操作提示：

点击【前台（Front Desk）】→【到达者（Arrivals）】→【散客（Walk In）】，弹出无预订入住对话框→输入客人姓名、到店日期、离店日期、房型等信息→点击【确认（OK）】保存→选择分房→确定支付方式→制作房卡→办理入住成功。

在到达者操作对话框中点击【选项（Options）】，弹出【预订选项（Reservation Options）】对话框→选择【账单（Billing）】→输入收银员密码登录，弹出张雪的账单→点击【选项（Options）】，弹出【Check Out Options】对话框→选择【仅支付（Pay Only）】→在【金额（Amount）】栏输入"2000"→点击【抛账（Post）】，返回到张雪账单的界面，可以查看到张雪客人账户余额（Balance）变为"－2000"，完成押金的缴纳。

2. 客人（例如名为邓子秀）为今天的Due In，分配的房号为319，告知一个小时之内到酒店办理入住，但由于酒店出租率很高，房间都没有打扫干净。按照要求将信息录入PMS系统。

关键步骤操作提示：

办理入住时分房采取手动分房，在手动分房搜索操作对话框中房号一栏输入"319"完成房间的分配。此外，通过系统的工作日志等消息传递方式给客房部留言，尽快做好319房间的房务清扫。

3.客人(例如名为谢霆勇)致电前台预订房间,但由于酒店的大床房已经售空,故要求如果有大床房及时通知客人,现保留预订,联系电话为13912345678。按照要求将信息录入PMS系统。

关键步骤操作提示:

点击【预订(Reservations)】→【更新预订(Update Reservations)】→输入客人的姓名,找到客人的预订。点击【选项(Options)】→【等候名单(Waitlist)】→在【原因(Reasons)】栏选择"Room Type Sold Out"(房型售完),并且输入电话号码"13912345678"→点击【确认(Yes)】,完成预订的保留(见图7-17)。

图7-17 预订列入等候名单操作对话框

实训 8
在 店 客 人

当客人入住酒店后,Sinfonia PMS 几乎实现了关于入住客人的全部操作,内容包括:查找在店客人、查看在店入住客人档案、取消入住、恢复已经被取消的入住、换房、客房升级、修改入住信息、查看客人消费账单等。

本实训任务主要是完成查找在店客人(In-House Guests)、取消入住(Cancel C/I)和换房(Room Move)、客房升级(Upgrade)操作,模拟客人留言(Messages)、工作跟进或工作日志(Traces)等对客服务,理解各种消息传递方式的异同。

一、实训目标

1. 熟练使用在店客人查找、取消入住和换房操作;
2. 熟练固定费用的设置和同客房、不同客房之间的分账操作;
3. 理解在店客人操作、客人状态和客房状态的转化流程;
4. 运用 Sinfonia PMS 进行消息传递,理解各种消息传递方式的异同。

二、实训内容

工作任务 801:取消入住和换房

工作任务 802:固定费用与分账操作

工作任务 803:消息和工作日志

工作任务 804:生成跟踪报表

三、实训课时

4 学时。

四、实训步骤和方法

> 工作任务 801：取消入住和换房

任务情境 1：

为朱原长建立以下预订并办理入住。

- Name：朱原长（Zhu Yuanzhang）
- VIP：VIP3 级
- Tel（联系电话）：13660000000
- Room Type：DKN（Deluxe King）
- Number of Rooms（房间数）：1
- Arrival Date（到店日期）：2010-01-01
- Departure Date（离店日期）：2010-01-03
- Rate Code（价格代码）：RACKFC
- Source（来源）：NAC（National Company）

为朱原长办理入住手续，支付方式为信用卡，卡号为 4444333322221111，有效期至 2012 年 10 月。

◇ **操作方法**

点击【预订（Reservations）】→【新建预订（New Reservation）】→在新建预订查询对话框中【Guest Name】栏输入"Zhu"，【First Name】栏输入"Yuanzhang"→弹出预订信息录入对话框，在相应栏目中输入到店日期、离店日期、房型、房价等信息（见图 8-1）。全部输入完后，点击【确认（OK）】按钮弹出预订成功提示框，显示客人的预订号码。

点击【前台（Front Desk）】→【到达者（Arrivals）】，弹出到达者搜索对话框→在【Guest Name】栏输入"Zhu"，【First Name】栏输入"Yuanzhang"，点击【查找（Search）】，弹出到达者操作对话框→点击【入住（Check In）】按钮，提示朱原长客人为 VIP3 级客人→点击【确认（OK）】→弹出分房操作对话框→点击下拉按钮手动分房，进入手动分房搜索对话框→勾选【干净但没检查合格（Clean-Not Inspected）】，点击【查找（Search）】，显示查找符合状态的房间，勾选其中一间客房，点击【选择（Select）】，返回到分房操作对话框→点击【确认（OK）】，进入【支付方式（Payment Method）】对话框→点击【Method of Payment】下拉按钮，选择【信用卡（VISA）】，在【信用卡号（Credit Card Number）】输入"4444333322221111"，【有效期（Validity Date）】栏输入"10/12"→点击【确认（OK）】（见图 8-2），系统最后弹出入住成功提示框，点击【确认（OK）】按钮，完成朱原长客人的入住。

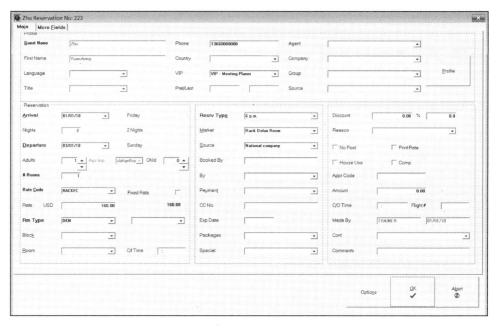

图 8-1　朱原长预订信息输入对话框

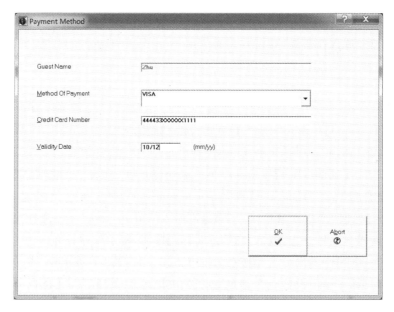

图 8-2　朱原长客人支付方式输入对话框

任务情境 2：

为无预订的上门客（Walk In）朱曦（Zhu Xi）办理入住手续。

- Name：朱曦（Zhu Xi）
- Room Type：STW（Standard Twin）
- Number of Rooms（房间数）：1
- Departure Date（退房日期）：2010-01-03

- Telephone(联系电话):13660000001
- Source(来源):NAC(National Company)
- Payment Method(支付方式):Cash

◇ 操作方法

点击【前台(Front Desk)】→【到达者(Arrivals)】→点击【散客(Walk In)】→输入客人姓名、到店日期、离店日期、房型等信息→点击【确认(OK)】保存。

点击【前台(Front Desk)】→【到达者(Arrivals)】→在【Guest Name】栏输入"Zhu",【First Name】栏输入"Xi",点击【查找(Search)】,弹出到达者操作对话框→点击【入住(Check In)】按钮→弹出分房操作对话框→点击下拉按钮手动分房,进入手动分房搜索对话框→勾选【Clean-Not Inspected】,点击【查找(Search)】,显示查找符合状态的房间,勾选其中一间客房,点击【选择(Select)】,返回到分房操作对话框→点击【确认(OK)】,入住办理成功。

 分析思考

使用在店客人(In-House Guests)功能查看两位客人的状态分布是什么?两位客人的房号分别是什么?使用"Ctrl+F"(Floor Plan,楼层信息)功能查看所有房态信息,朱原长、朱曦两人所住客房状态分别是什么?

任务情境3:

客人朱原长和朱曦对酒店要求取消入住。请为他们办理取消入住手续。

操作中注意:朱原长尚未进入客房,客房保持清洁,不影响客房的再次销售,所以朱原长客房依然不变,而朱曦进入并使用了房间,经与客人协商,客人将会在下午2点返回酒店并入住,酒店可以将房间保留并等候客人回来。

◇ 操作方法

点击【前台(Front Desk)】→【在店客人(In-House Guests)】,弹出在店客人查找对话框→【Guest Name】栏输入"Zhu",系统弹出在店客人列表对话框,显示出朱原长和朱曦客人→选中客人朱原长,点击【取消入住(Cancel C/I)】→弹出入住取消确认对话框(见图8-3)。点击【确定(Yes)】→在弹出的房态修改确认对话框中选择【否(No)】(见图8-4)。弹出客房预留确认对话框,点击【否(No)】(见图8-5),就完成了朱原长取消入住的操作。

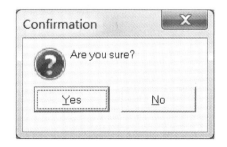

图8-3 入住取消确认对话框

参考答案

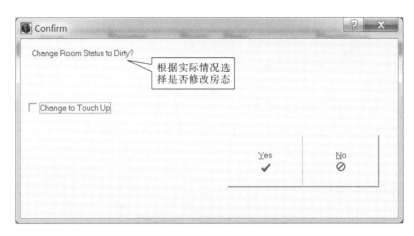

图 8-4 房态修改确认对话框

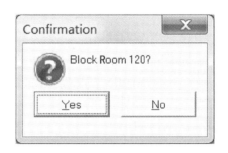

图 8-5 客房预留确认对话框

依此可以完成朱曦的取消入住操作：在在店客人列表对话框中选中客人朱曦→点击【取消入住(Cancel C/I)】→弹出入住取消确认对话框，点击【确定(Yes)】，在弹出的房态修改确认对话框中选择【是(Yes)】，原来住的房间状态修改为脏房→弹出客房预留确认对话框，点击【是(Yes)】，保留房间给客人，就完成朱曦取消入住的操作。

> **知识活页**
>
> 客人取消入住(Cancel C/I)后，客人状态由在住(Checked In)变回到预期到达(Expected)。

任务情境 4：
朱原长和朱曦回到前台要求再次入住，再次为他们办理入住手续。
◇ 操作方法
点击【前台(Front Desk)】→【到达者(Arrivals)】→在【Guest Name】栏输入"Zhu"，点击【查找(Search)】，到达者操作对话框显示客人朱原长和朱曦→选中客人朱原长，点击【入住(Check In)】按钮→弹出分房操作对话框→点击下拉按钮手动分房，进入手动分房搜索对话框→勾选【干净但没检查合格（Clean-Not Inspected）】，点击【查找（Search）】，显示查找符合状态的房间，勾选其中一间客房，点击【选择（Select）】→点击【确认（OK）】→入住办理成功。

依此可以完成朱曦的入住操作：在到达者操作对话框中选中客人朱曦→点击【入住（Check In）】按钮→弹出"预留的142房是脏房，是否办理入住"的确认框，点击【是（Yes）】→弹出办理入住成功的提示，点击【确认（OK）】，完成朱曦的入住办理操作。

任务情境5：

朱原长入住房间后由于客房烟味重要求更换房间。请为客人办理相同房型换房手续（换房时，客人原房间状态是否需要修改为脏房？）。

朱曦觉得离电梯很近，晚上会很吵，而且嫌房间小要求换房。请将房型由标准房更换为套房。

◇ **操作方法**

点击【前台（Front Desk）】→【在店客人（In-House Guests）】→在弹出的【在店客人查找（In House Guest Search）】对话框【Guest Name】栏输入"Zhu"→在弹出的在店客人列表对话框选中客人朱原长，点击【换房（Room Move）】，进入换房操作对话框（见图8-6）。点击【目标房号（Room No.）】下拉按钮，进入手动分房搜索对话框→勾选【干净但没检查合格（Clean-Not Inspected）】，点击【查找（Search）】，显示查找符合状态的房间，勾选其中一间客房，点击【选择（Select）】→【换房原因（Reasons）】栏选择"Need Non-Smoking Room"→点击【确认（Yes）】→弹出房态修改确认对话框，选择【是（Yes）】→完成朱原长换房操作。

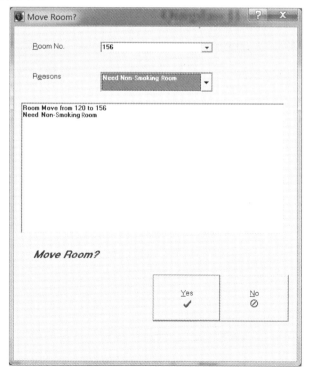

图8-6 换房操作对话框

依此可以完成朱曦的换房操作:在店客人列表对话框选中客人朱曦,点击【换房(Room Move)】→点击【目标房号(Room No.)】下拉按钮,进入手动分房搜索对话框→【房型(Room Types)】修改为"套房"(SUI),勾选【干净但没检查合格(Clean-Not Inspected)】,点击【查找(Search)】,显示查找符合状态的房间,勾选其中一间客房,点击【选择(Select)】→【换房原因(Reasons)】栏选择"Need Larger Room"或"Too Much Noise"→点击【确认(Yes)】,弹出市场代码体系修改确认对话框,选择【是(Yes)】→完成朱曦换房操作。

> 工作任务 802:固定费用与分账操作

任务情境 1:

客人朱原长需要租车服务,酒店需要为客人提供停车场,停车场费用按日计费,价格 200 元/天,请使用固定费用办理朱原长停车场费用。

◇ 操作方法

点击【前台(Front Desk)】→【在店客人(In-House Guests)】→在弹出的【在店客人查找(In House Guest Search)】对话框的【Guest Name】栏输入"Zhu"→在弹出的在店客人列表对话框选中客人朱原长→点击【选项(Options)】,进入预订选项功能对话框→选择【固定费用(Fixed Charges)】,弹出固定费用操作对话框(见图 8-7)。选择新建固定费用→在弹出的【编辑固定费用(Edit Fixed Charges)】对话框中【项目(Department)】栏选择"停车费"(Parking),【价格(Price)】栏输入"200"→点击【确认(OK)】,返回到固定费用操作对话框→点击【退出(Close)】,完成停车场费用的固定费用操作。

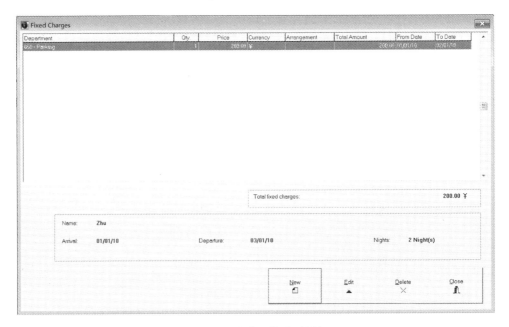

图 8-7 固定费用操作对话框

操作技巧

客人入住期间除了房费还会产生其他费用,如果费用是根据天数来计算的(如加床费用、租用电脑费等),那么可以通过固定费用(Fixed Charge)功能实现由系统自动计算,由系统在夜审时自动将费用过账到客人账户上。酒店可以在预订、入住或者结账时对客人账户进行固定费用操作。

任务情境 2：

朱原长来到前台要求将他的所有 Mini-Bar 费用和餐饮费用使用现金自行支付。请使用同客房分账功能进行操作。

◇ **操作方法**

点击【前台(Front Desk)】→【在店客人(In-House Guests)】→在【Guest Name】栏输入"Zhu",点击【搜索(Search)】→选中客人朱原长→点击【选项(Options)】→选择【分账(Routing)】,弹出分账操作对话框→点击【新建子账单(New)】,弹出新建子账单操作对话框(见图 8-8)。在【消费项目(Departments)】栏选择 Mini-Bar 费用(MI)和餐饮费用(FB),【支付方式(Payment)】选择现金(Cash)→点击【确定(OK)】按钮完成新建子账单操作。返回到分账操作对话框→点击【退出（Close）】,弹出【Route Previous Changes】确认框→点击【是(Yes)】,完成同房分账操作。

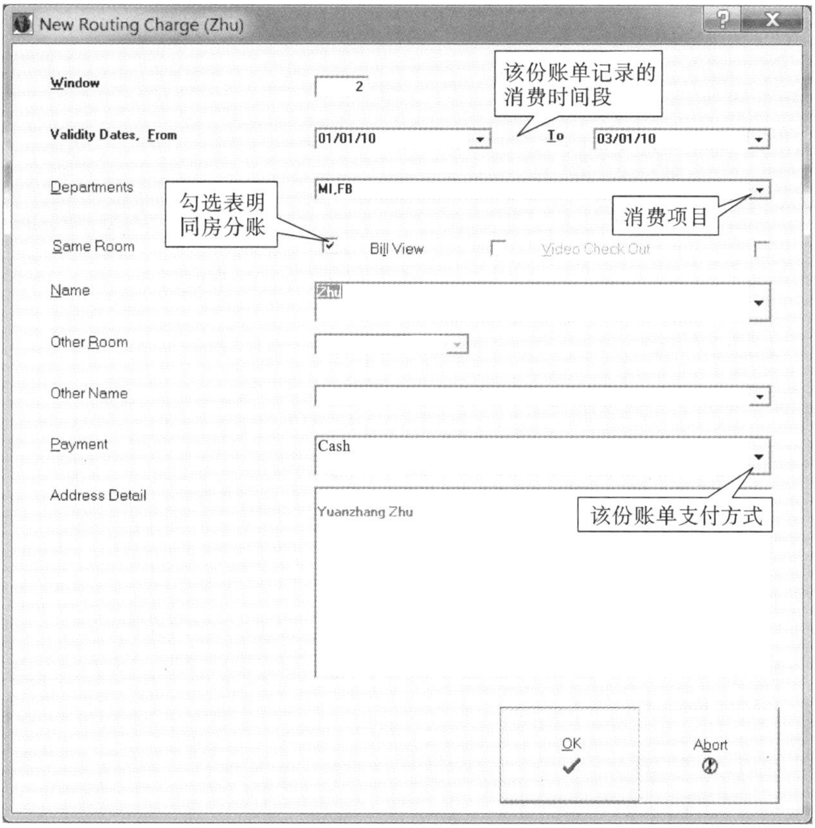

图 8-8　新建子账单操作对话框

任务情境 3：

朱原长与朱曦共进晚餐，朱原长非常赏识朱曦的才能，要求将其所有房费和餐饮费用由自己支付。请使用不同客房分账功能进行操作。

◇ **操作方法**

在在店客人列表对话框中选中客人朱曦→点击【选项（Options）】→选择【分账（Routing）】，弹出分账操作对话框→点击【新建子账单（New）】，弹出新建子账单操作对话框→在【消费项目（Departments）】栏选择房费（Room & Tax）和餐饮费用（Food & Beverage），取消勾选【Same Room】，点击【Other Room】下拉按钮，选择朱原长客房（156 房）→点击【确定（OK）】按钮完成新建子账单操作，返回到分账操作对话框，可以看到朱曦第二份子账单有 156 客房朱原长支付（见图 8-9）→点击【退出（Close）】，弹出【Route Previous Changes】确认框→点击【是（Yes）】，完成不同客房分账操作。

图 8-9　分账操作对话框

> **工作任务 803**：消息（**Messages**）和工作日志（**Traces**）

任务情境 1：

朱曦为表示感谢，给朱原长留言如下："160 客房的客人朱曦先生给你留言：他一早前往北京某大学举行'儒家文化与经济全球化'的讲座，怕打扰您休息而没有当面致谢，对您的照顾表示感谢。"

◇ **操作方法**

在在店客人列表对话框中，选中客人朱原长→点击【选项（Options）】→选择【消息（Messages）】，弹出消息留言操作对话框（见图 8-10）。点击【新建留言（New）】，弹出【新建留言（Guest New Message）】对话框（见图 8-11）。在新建留言对话框左侧信息输入框输入留言内容→点击【保存（Save）】，返回到消息留言操作对话框，客户留言已经更新（见图 8-12）。点击【关闭（Close）】按钮退出留言操作。

实训 8　在店客人

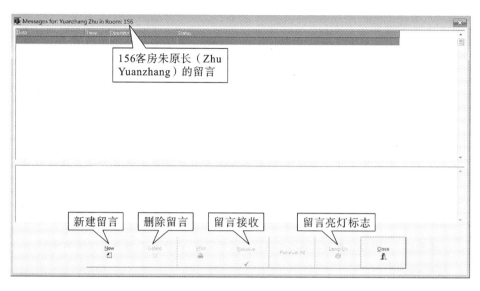

图 8-10　消息留言操作对话框

图 8-11　新建留言对话框

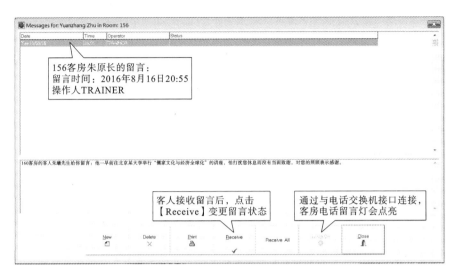

图 8-12　消息留言操作对话框可以完成新建留言、状态设定、留言灯控制等操作

任务情境 2：

朱原长尽量挽留朱曦，指示酒店员工为朱曦赠送自己准备的"杜康"酒一壶，由于朱曦已经前往北京某大学开讲座不在酒店，酒未能送到，客房部员工把"杜康"酒先放在操作间，请在系统中朱曦的客房中记录该工作日志。

◇ **操作方法**

在在店客人列表对话框中，选中客人朱曦→点击【选项（Options）】→选择【跟踪（Traces）】，弹出跟踪操作对话框→点击【New】，弹出【新建跟踪（New Trace Entry）】对话框（见图 8-13）。在对话框左侧选择跟踪接收部门 HSK（Housekeeping），右下角【跟踪内容（Text）】输入工作相应内容→点击【保存（Save）】，返回到【新建跟踪（New Trace Entry）】对话框，客户跟踪已经更新→点击【关闭（Close）】按钮退出跟踪操作。

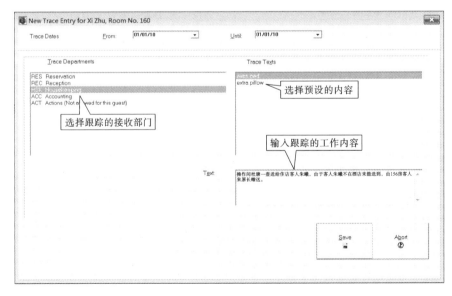

图 8-13　新建跟踪操作对话框

操作技巧

外部客人给酒店员工留言,或者酒店员工向客人传递信息时选择【留言(Messages)】功能,如催交房费、特殊事务通知等;酒店员工和员工之间传递关于客人服务要求的执行情况,选择【跟踪(Traces)】功能。

➢ **工作任务 804**:生成跟踪报表

任务情境:

打印今日在店的跟踪报表,检查今天开始酒店各部门有多少工作日志。

◇ **操作方法**

参考实训 2 中的工作任务 204 的操作步骤,注意报表类型和格式的选择,生成今天所有的跟踪报表。

点击【Miscellaneous】→【Reports】→在右上角报表类型选择区选择"Guests In House"→在左边报表选择区选择"1 Traces"→在报表生成类型中选择"Export"(输出),在报表输出格式中选择"Excel Files"(Excel 文件格式)和存储文件的地址、文件名(如学号+姓名+今日跟踪报表)→点击下方【Print】按钮→弹出跟踪生成的日期和接收部门对话框,选择默认选项,点击【OK】,就生成了今天开始酒店各部门所有工作日志。使用 Excel 打开你生成的报表来审阅和分析,在你确认你的文件无误之后,接下来,你可以把生成的文件上传交作业了。

五、实训考核与评分

(一)考核项目

1. 熟练完成在店客人查找、取消入住和换房操作,并理解房态的变化;
2. 完成固定费用与分账等操作;
3. 运用 Sinfonia PMS 进行消息、工作日志的传递。

(二)实训评分(见表 8-1)

表 8-1 实训评分

序号	评价类型	评价内容	分值	评分
1	过程评价(50 分)	参与讨论	10	
2		工作数量	10	
3		工作质量	10	
4		对外沟通	10	
5		团结协作	10	

行业案例

2018 年,马云花费上千万打造的"无人酒店",如今变怎样了?

知识链接

客房出租率怎么计算

续表

序号	评价类型	评价内容	分值	评分
6	结果评价(50分)	在店客人查找操作正确、熟练	10	
7		取消入住和换房操作正确、熟练	10	
8		固定费用与分账操作正确、熟练	15	
9		消息和工作日志操作正确、熟练	10	
10		工作日志报表全面正确	5	
		合计	100	

六、实训小结

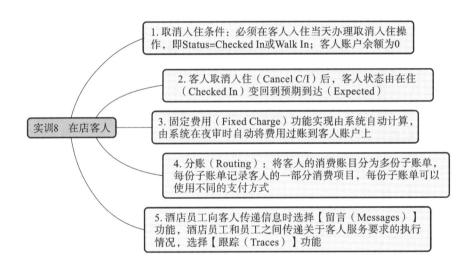

七、实训拓展

工作任务：在店客人服务

1.酒店礼宾部收到 206 号房李英小姐的包裹,但李小姐不在房间。请按照要求将信息输入 PMS 系统。

关键步骤操作提示：

使用跟踪(Traces)功能完成,在新建跟踪对话框左侧选择跟踪接收部门 REC(Reception),在右下角【跟踪内容(Text)】输入工作相应内容。

2.309 客人李钟楚为福建世纪信息技术有限公司的 CEO,为酒店 VIP 客人,客人通知前台,入住期间每天的上午 9:00—11:00,所有的电话都转接到酒店的商务中心会议室,分机为 8532。请按照要求将信息输入 PMS 系统。

关键步骤操作提示：

使用跟踪(Traces)功能完成,在新建跟踪对话框左侧选择跟踪接收部门 REC

(Reception)，在右下角【跟踪内容(Text)】输入工作相应内容。

3. 309 客人李钟楚要求在离店时通知酒店总经理。请按照要求将信息输入 PMS 系统。

关键步骤操作提示：

使用跟踪(Traces)功能完成，接收部门选择接待部 REC(Reception)，在右下角【跟踪内容(Text)】输入工作相应内容。

4. 106 客人是新婚度蜜月，但由于酒店今天没有大床房，所以答应客人在明天为其换为大床房。请按照要求将信息输入 PMS 系统。

关键步骤操作提示：

使用跟踪(Traces)功能完成，在新建跟踪对话框左侧选择跟踪接收部门 REC(Reception)，在右上角【跟踪内容(Text)】选择"Room Move"。

5. 207 客人王学伍通知总机与前台下午要在房间开会，13:00—17:00 不接任何电话，免打扰。请按照要求将信息输入 PMS 系统。

关键步骤操作提示：

使用跟踪(Traces)功能完成，在新建跟踪对话框左侧选择跟踪接收部门 REC(Reception)，在右下角【跟踪内容(Text)】输入工作相应内容。

6. 101 客人耀明入住时通知前台，入住的这 3 天，不接任何外线，除酒店服务人员电话，如果有店外客人询问此客人，一律回答查无此人。请按照要求将信息输入 PMS 系统。

关键步骤操作提示：

使用跟踪(Traces)功能完成，在新建跟踪对话框左侧选择跟踪接收部门 REC(Reception)，在右下角【跟踪内容(Text)】输入工作相应内容。

7. 由于客人温霞有过敏性鼻炎，但又因酒店没有无烟房，故通知客房部做无烟处理。请按照要求将信息输入 PMS 系统。

关键步骤操作提示：

使用跟踪(Traces)功能完成，在新建跟踪对话框左侧选择跟踪接收部门 HKS(Housekeeping)，在右下角【跟踪内容(Text)】输入工作相应内容。

实训 9
收银与结账离店

收银管理(Cashiering)是酒店前台管理系统的重要组成部分,也是酒店前台主要的工作之一。收银管理包括客人入住押金收取(Payment)、入(抛)账(Posting)、账单调整(Adjust/Rebate)、应收挂账(City Ledger)、打印(Print)、退款(Paid Out)、结账离店(Check Out)等。

本实训任务主要是模拟收银员岗位,模拟收银账户的登录与退出,完成入住押金收取、(入)抛账、账目修改和办理结账离店等操作,理解账户和账目、入住押金和预订保证金的区别,领会前台正确、高效的收银操作对提高酒店服务质量的意义。

一、实训目标

1. 了解账单功能,掌握收银账户的登录与退出;
2. 熟练掌握入(抛)账、账目修改、账目调整的操作;
3. 掌握分账、收取保证金和入住押金的操作;
4. 掌握正常结账离店操作。

二、实训内容

工作任务 901:收取入住押金与抛账
工作任务 902:夜审与正常结账离店
工作任务 903:打印收银报表

三、实训课时

4 学时。

四、实训步骤和方法

请使用 TRAINER 用户名登录 Fidelio 完成以下任务。当遇到操作上的疑问时,可以在 Fidelio 中按 F1 键来调用"联机帮助"功能。

➢ **工作任务 901**:收取入住押金与抛账

任务情境 1:
建立公司档案(Company Profile)存储以下公司客户信息。
- Company:Rongguo Company
- Chinese Name:荣国公司
- Full Name:Beijing Rongguo Group
- Address:北京市西城区南菜园街 12 号
- Postal Code:100032
- Rate Code:Commercial Rate A(CORA-NEW)
- Contact:林之季
- Telephone:010-63544993
- Fax:010-63544994

◇ **操作方法**

双击桌面 Fidelio 图标或在程序点击 Fidelio 系统自检,进行外接设备或软件故障提示,对各提示框点击【Close】。登录界面【User I. D.】输入"TRAINER",【Password】也输入"TRAINER",点击【登录(Login)】→点击【预订(Reservation)】→【档案(Profile)】→【Search Name】栏输入"Rongguo",按回车键→【新建档案(New)】→选择【公司(Company)】类型,点击【确认(OK)】→在档案录入操作界面输入相关信息,其中价格代码"CORA-NEW"输在【Ctrct. Rate】栏→点击【保存(Save)】后再点击【关闭(Close)】退出档案的建立。

任务情境 2:
为荣国公司客人贾宝业(Jia Baoye)办理预订手续。
- Rate Code:Commercial Rate A(CORA-NEW)
- VIP:VIP3
- Room Type:豪华套房 DSDQ(Deluxe Suite)
- Arrival:2007-01-25
- Departure:2007-01-26
- Telephone:025-86051555
- Source:China

办理贾宝业的入住手续,客人要求分配一间禁烟房;在支付方式上,由于贾先生是荣国公司贵宾,酒店与荣国公司合同中规定贾先生可以随意消费,故经财务部门授权认可后,客人支付方式使用 City Ledger。

◇ 操作方法

在预订信息录入时,注意在【公司(Company)】选择荣国公司(Rongguo),其他信息录入见图 9-1。

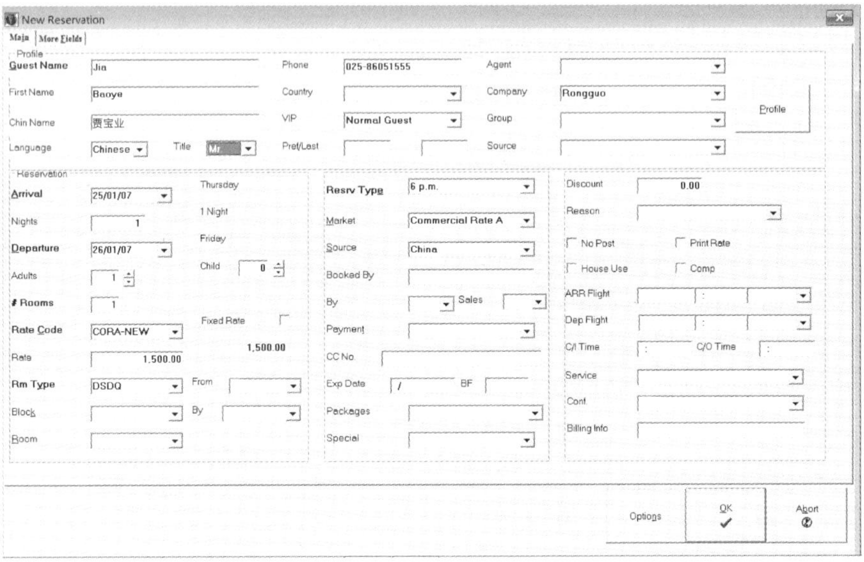

图 9-1　贾宝业预订信息录入对话框

在给贾宝业办理入住时,注意是提前到达酒店(因为系统日期是 1 月 24 日,预订到店日期是 1 月 25 日),因此要先修改到店日期为当日 1 月 24 日。

因客人要求分配一间禁烟房,因此分房不能采取系统分房结果,在分房对话框点击下拉按钮,进入手动分房操作对话框→【客房特征(Features)】栏选择禁烟房(NS)→【搜索(Search)】,【选定(Select)】一间客房→【确认(OK)】完成分房操作。

任务情境 3:

荣国公司负责接待的副总经理王喜凤对酒店公寓楼层进行考察,直接来到酒店入住。请为她办理入住手续。

- Market Code:Complimentary(COM,免费房)
- VIP:VIP1
- Room Type:SUMO
- Departure:2007-01-25
- Telephone:13905328888
- Payment Method:Cash
- 由于王女士的接待质量关系到今后的一笔大单,酒店非常重视。市场部门通过访查得知客人如下特点:客人有钱却爱占小便宜;喜欢争强好胜,虚荣心强,喜欢吹捧,对不喜欢的人或者事恨之入骨。
- 根据客人信息,酒店总经理指示:客人在酒店的一切费用由酒店承担,将客人分配在视野最好的 31 楼,所有向客人提供的菜单等一律用繁体字打印或书写。

◇ 操作方法

点击【前台(Front Desk)】→【到达者(Arrivals)】→点击【散客(Walk In)】,弹出无

预订入住对话框→输入客人姓名、电话号码、离店日期、房型等信息→点击【档案（Profile）】→【新建（New）】→在档案录入对话框【备注（Remarks）】栏输入客人特点（见图 9-2）。【保存（Save）】，返回到无预订入住对话框，可以查看到下方显示蓝色"Remarks"标识→点击【附加信息（More Fields）】，在【备注（Remarks）】栏输入总经理的接待指示（见图 9-3）→点击【确认（OK）】保存，弹出系统分房确认框→点击【否（No）】→完成预订。

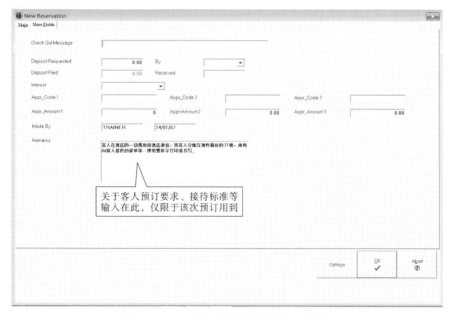

图 9-2　王喜凤客人特点录入对话框

图 9-3　王喜凤入住接待要求录入对话框

点击【前台(Front Desk)】→【到达者(Arrivals)】→在对话框中【Last Name】栏输入"Wang"，【First Name】栏输入"Xifeng"，点击【搜索(Search)】→【入住(Check In)】→弹出客人是 VIP1 级的提示框，点击【确定(OK)】，弹出分房对话框→点击【Room No.】下拉按钮，进入手动分房搜索对话框→在【楼层(Floor)】栏输入"31"，点击【搜索(Search)】→选定一间房间，点击【确定(OK)】→弹出制作房卡张数确认框，选择 1 张→办理入住完成。

任务情境 4：

为上门客人林代喻(Lin Daiyu)办理入住手续，收取林代喻入住押金 3000 元整。

- Rate Code：Walk In Rate
- Room Type：SUBQ(Superior Queen B)
- Departure：2007-01-25
- Telephone：025-86051500
- Payment Method：Cash

◇ 操作方法

点击【前台(Front Desk)】→【到达者(Arrivals)】→点击【散客(Walk In)】，弹出无预订入住对话框→输入客人姓名、电话号码、离店日期、房型、价格代码和支付方式等信息→点击【确认(OK)】保存，弹出系统分房确认框→点击【是(Yes)】→弹出制作房卡张数确认框，选择 1 张→办理入住完成。

点击【收银(Cashiering)】→【账单(Billing)】→弹出收银员登录对话框(见图 9-4)。在【密码(Password)】栏输入密码→点击【登录(Login)】，弹收银员账号登确认框(见图 9-5)。点击【是(Yes)】，弹出【客人账单查找(Billing Guest Search)】对话框(见图 9-6)。勾选 3 位客人账单，点击【选定(Select)】→在打开的客人账单中选择客人林代喻的账单，点击【选项(Options)】，进入【结账选项(Check Out Options)】功能对话框(见图 9-7)。选择【仅支付(Pay Only)】→在弹出的支付对话框【金额(Amount)】栏输入"3000"→点击【入账(Post)】→【确认(OK)】，返回到客人账单，可以查看客人账户余额(Balance)变为"-3000"，完成入住押金的缴纳操作。

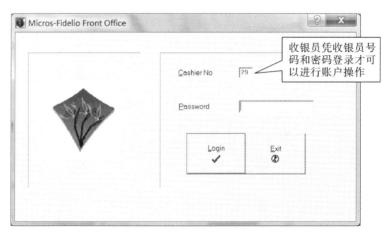

图 9-4 收银员账户登录对话框

实训 9　收银与结账离店

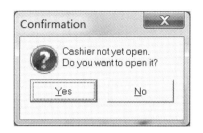

图 9-5　收银员账号登录确认框

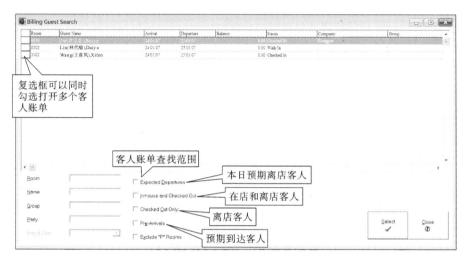

图 9-6　客人账单查找对话框

图 9-7　客人结账选项对话框

任务情境 5：

客人贾宝业入住后将其所写书信委托酒店商务中心发送传真，传真共 3 页（费用为第一页 8 元，其他每页 5 元）；他又将 2 件衣物送洗，总共 68 元。

◇ **操作方法**

打开贾宝业的账单→点击【抛账（Posting）】按钮，进入【手动抛账（Manual Posting）】对话框（见图 9-8）→点击【消费项目（Dept）】下拉箭头，在弹出的列表中选择【传真（Fax）】,【价格（Price）】输入"18"→点击【入账（Post）】，消费项目显示在上方列表框中→再次点击【消费项目（Dept）】下拉箭头，在弹出的列表中选择【洗衣服务（Laundry）】,【价格（Price）】输入"34"，【数量（Quantity）】栏输入"2"→点击【入账（Post）】→点击【关闭（Close）】，返回到贾宝业的账单，可以查看出客人余额（Balance）为 86 元。

图 9-8 手动抛账对话框

> **知识活页**
>
> 客人入住后在酒店会进行消费。将客人的消费账目记到客人账户中的操作，在 Sinfonia PMS 系统中称为抛账或入账。客人在酒店发生的消费，有些由计算机终端自动入账（如电话费、VOD 点播、房费及固定费用等），有些则需要收银人员手动入账（如 Mini-Bar 消费、洗衣费、商务中心消费、赔偿费及相关账目的冲减）。前台收银员手动入账时需要非常细心，确保及时正确，不能出现张冠李戴（如将 502 房客人账目记在 520 房客人账户）、金额输入错误（如消费 120 元记成 1200 元）等情况。

任务情境 6：

贾宝业的父亲限制其与林代喻联系，荣国公司告知酒店拒绝支付客人贾宝业的电话和商务中心消费。请为客人办理分账操作，建立第二份账单（Windows 2），客人的电话消费和商务中心消费由客人自行使用信用卡支付，信用卡卡号为 4444333322221111，有效期至 2008 年 11 月，信用额度为 3000 元。

Routing 操作后，客人账单窗口有何变化？

◇ 操作方法

打开贾宝业的账单→点击【选项(Options)】，进入【结账选项(Check Out Options)】功能对话框→选择【分账(Routing)】，弹出分账操作对话框→点击【新建子账单(New)】，弹出新建子账单编辑对话框→【消费项目(Departments)】选择电话(TE, Telephone)和商务中心(BC, Business Center)，【Name】选择贾宝业(Jia)，【支付方式(Payment)】选择信用卡(VISA)→点击【确认(OK)】，返回到分账操作对话框→点击【关闭(Close)】，弹出【刷新账单(Refresh Windows)】确认框→【是(Yes)】，返回到贾宝业的账单，可以查看出贾宝业的账单变成两份子账单，第二份子账单用来记录电话和商务中心消费。

任务情境 7：

为贾宝业和林代喻的如下消费进行抛账操作。

- 林代喻早餐一份，价格 128 元；
- 贾宝业早餐一份，价格 128 元；特殊小吃，价格 108 元；
- 林代喻 Mini-Bar 消费，可口可乐一罐 15 元；
- 贾宝业 Mini-Bar 消费，金酒 1 瓶 90 元；
- 林代喻商务中心消费打印文件 40 页，每页 5 元；
- 贾宝业午餐消费，376 元；
- 林代喻康乐部消费，美式台球 2 小时，每小时 68 元；英式台球 3 小时，每小时 98 元；雪碧 2 罐，每罐 15 元；
- 贾宝业洗衣服务，410 元＋15％服务费；
- 林代喻洗衣服务，480 元＋15％服务费。

◇ 操作方法

依次完成贾宝业和林代喻的消费抛账操作。

先打开贾宝业的账单，点击【抛账(Posting)】按钮，进入【手动抛账(Manual Posting)】对话框→点击【Dept】下拉箭头，在弹出的列表中选择消费项目，【Price】输入价格→点击【入账(Post)】，消费项目显示在上方列表框中→重复上面步骤依次完成抛账。

全部抛账完，贾宝业账户余额为 1259.50 元，林代喻账户余额为－1577.00 元。

知识链接

客人行为与酒店账户操作

操作技巧

(1)抛账操作中首先要选对客人，切不可张冠李戴，如把林代喻的消费项目抛账到贾宝业或他人账单上。

(2)手动抛账中的消费项目中，可以只输入消费项目的单词前几个字母，便能弹出要输入的消费项目，这样可以减少查找消费项目时间。

(3)对于部分消费项目,由于系统没有预设,可以找出相关的项目,然后在【备注(Remarks)】或【注释(Reference)】中输入消费项目名称。

任务情境 8:

将贾宝业 Mini-Bar 金酒消费移入自行结账账单(Windows 2)。

◇ 操作方法

在贾宝业的第一份子账单(Windows 1)中选定 Mini-Bar 金酒消费账目,按住鼠标左键拖动到第二份子账单(Windows 2)中。

任务情境 9:

由于收银错误,请修改贾宝业金酒消费,数量改为 2 份。

◇ 操作方法

双击贾宝业第二份子账单(Windows 2)的金酒账目(或点右键,选择【Edit Details】)→在弹出【修改交易项目(Edit Transaction Details)】对话框中的【数量(Qty)】中的数字修改为"2"→点击【确认(OK)】,修改完成。

任务情境 10:

林代喻由于加急洗衣,价格修改为 580 元,同时她提交一张洗衣抵用券 50 元来抵消洗衣费,券号 8 为 7654321,根据酒店财务制度需要进行一次冲减(Rebate)操作来抵消洗衣费 50 元。

◇ 操作方法

双击林代喻的洗衣服务账目(或点右键,选择【Edit Details】)→在弹出【修改交易项目(Edit Transaction Details)】对话框中的【价格(Price)】修改为"580",【备注(Remarks)】栏输入"加急洗衣"→点击【确认(OK)】,返回到林代喻账单→【抛账(Posting)】→点击【Dept】下拉箭头,在弹出的列表中选择【Rebate-Laundry】,【Price】输入"-50",【Supplement】栏输入"洗衣抵用券冲抵",【注释(Reference)】栏输入券号"87654321"(见图 9-9)→点击【入账(Post)】→返回到客人账单,可以查看出当前林代喻账户余额为-1527。

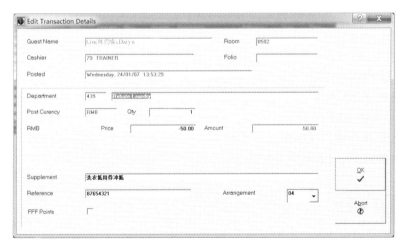

图 9-9 账目冲减操作对话框

任务情境 11:

下班前关闭收银账户,对所有进行的操作进行核对,查看应交款项。

实训 9　收银与结账离店

◇ 操作方法

点击【收银(Cashiering)】→【收银关账(Close Cashier)】，弹出退出收银账户对话框→输入收银账户密码，点击【登录(Login)】，弹出收银明细对话框(见图 9-10)→查看本次登录期间的所有账户操作→确认账户操作无误后点击【确定(OK)】按钮，弹出收银汇总对话框(见图 9-11)→点击【确定(OK)】，弹出收银抽屉清零确认框→点击【是(Yes)】，退出收银操作。

图 9-10　收银明细对话框

图 9-11　收银汇总对话框

➢ 工作任务 902：夜审与正常结账离店

任务情境 1：

进行夜审。

◇ 操作方法

在"开始"程序中选择夜审。在夜审→登录对话框输入用户名和密码(本教学 PMS 系统均设为 TRAINER)→点击【登录(Login)】，弹出夜审操作对话框(见图 9-12)。点击【开始(Start)】，开始夜审→弹出【国家代码未输入(Missing Country Codes)】对话框，补全后点击【继续(Continue)】→弹出【今天天气、留言与夜审员(Today's Weather, Notes and Night Auditor)】对话框，输入后点击【确认(OK)】按钮→弹出各种对话框，选择默认选项，最后弹出夜审完成对话框(见图 9-13)，点击【确定】，返回到夜审操作对话框→点击【Close】退出夜审程序。

图 9-12　夜审操作对话框

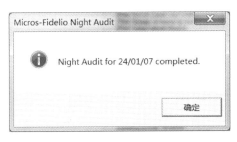

图 9-13　夜审结束对话框

操作技巧

夜审操作之前要关闭主程序 Fidelio 或 Sinfonia,否则夜审过程中会自动中断。

任务情境 2：

登录 Fidelio,查看 3 位客人的账单,使用零数余额客人离店(Zero Balance Check Out)功能为零数余额客人办理离店手续。

◇ 操作方法

双击桌面 Fidelio 图标登录系统,可以看出 Fidelio 系统日期递进一天,变为 1 月 25 日→点击【收银(Cashier)】→【账单(Billing)】→在收银账户登录界面输入密码(TRAINER)登录→在【客人账单查找(Billing Guest Search)】对话框中 3 位客人复选框勾选,点击【选定(Select)】→查看 3 位客人账单,发现贾宝业、林代喻账单上增加了房费和服务费(夜审后自动入账到客人账单),王喜凤账单上没有房费和服务,是因为王喜凤是免费入住。

点击【收银(Cashier)】→【快速结账离店(Quick Check Out)】→收银员登录→在【快速结账离店客人查找(Quick Check Out Guest Search)】对话框选择王喜凤客人→点击【Zero Balance Check Out】按钮,弹出是否继续确认框点击【Yes】按钮→王喜凤客人结账离店操作完成。

  操作技巧

零数余额客人结账离店(Zero Balance Check Out 或 C/O Zero)功能多用于团队。因为团队中的客人房费一般是由旅行社或公司支付,如果客人在酒店没有房费以外的消费,则其账单为 0,只有少数客人的账单上有费用。因此,在团队办理结账离店时,可以给少数账单不为 0 的客人先办理结账离店,然后再使用此功能将所有零数余额的客人统一结账,离店手续效率极高。

任务情境 3：

尝试修改收银错误,修改贾宝业金酒消费,单价应该为 70 元(如果不能修改,思考其他方法修正,使客人账目余额正确)。

◇ 操作方法

点击【收银(Cashier)】→【账单(Billing)】→收银账户登录→在【客人账单查找(Billing Guest Search)】对话框中勾选贾宝业和林代喻两位客人,点击【选定(Select)】→在贾宝业第二份子账单(Window 2)双击金酒消费账目,弹出【修改交易细节(Edit Transaction Details)】对话框→查看【价格(Price)】为灰色,不能修改单价,这样相当于多算了客人消费,采取冲减(Rebate)操作使客人账目余额正确。

点击【抛账(Postings)】→点击【Dept】下拉箭头,在弹出的列表中选择【Rebate-Mini-Bar】,【Price】输入"-20",【备注(Remarks)】栏填入"冲减错误录入"→点击【入账(Post)】→返回到客人账单,多增加一条负值账目来冲抵价格录入错误造成的余额不正确,查看出当前贾宝业账户余额为 3034.50 元。

操作技巧

【修改账目(Edit Detail)】功能只能修改当日抛账的账目;如果发现之前抛账的账目有错误,可以通过冲减操作来使账户余额正确,即在【Price】栏输入负值来冲抵多算的消费额,在【Supplement】栏中输入冲减原因。在 Opera 系统中,冲减操作则是在【Qty】输入负值标准冲减入错的账款。做冲减时,需要写明冲减的原因,并要求操作的员工、客人和部门经理签字才能生效。

任务情境 4:

点击【结账离店(Check Out)】,为贾宝业和林代喻两位客人办理结账离店,注意贾宝业在结账时,由于其信用卡被冻结无法使用,所以在客人第二份账单结账时,将信用卡(VISA)更改为"Cash"。

◇ 操作方法

选定贾宝业账单→点击【结账离店(Check Out)】按钮,弹出第一份子账单的结算对话框→如果确认收取到相应金额(本例中为 2836.50 元),点击【支付(Post)】确认支付→打印消费明细,由客人签字后作为结账凭证(见图 9-14)。点击【关闭(Close)】退出第一份子账单,弹出【处理第二份子账单(Process Window 2)】确认框→点击【是(Yes)】,弹出第二份子账单的结算对话框→【支付方式(Payment)】改为现金(Cash)"900"→确认收取到相应金额(本例中第二份子账单为 198.00 元),点击【支付(Post)】确认支付→打印消费明细,由客人签字后作为结账凭证→点击【关闭(Close)】退出,完成贾宝业结账离店操作。

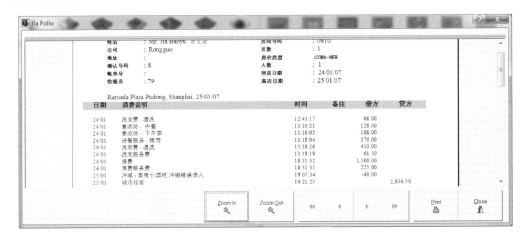

图 9-14 客人结账后的账单

依此步骤,完成林代喻结账离店手续,操作时弹出的账单的结算对话框,【金额(Amount)】为负值(本例为 -308.00),表明酒店结账离店时需要退还客人押金。林代喻结账后的账单见图 9-15。

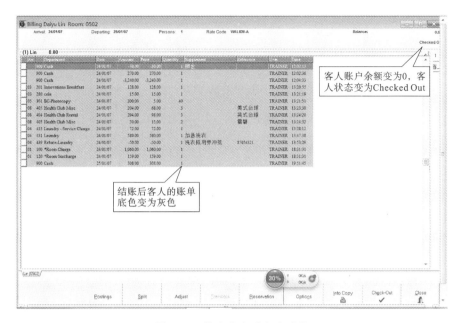

图 9-15 结账离店后客人账单

操作技巧

(1)当且仅当客人状态为预期离店(Due Out)时,才可以使用结账离店(Check Out)为客人办理离店。如果客人状态不是预期离店状态,则要使用提前离店(Early Departure)给客人办理离店。

(2)正常结账离店(Check Out)操作完成后,客人状态由预期离店(Due Out)变为结账离店(Checked Out),客房状态由在住房(Due Out Clean,DC 或 Due Out Dirty,DD)变为空脏房(Vacant Dirty)。

收银员结账离店操作注意事项

(1)结账人员最基本的要求是结账准确、快速。

(2)客人用信用卡付账时,一定要核对信用卡信息并请客人在卡单上签字。

(3)客人用支票付账时,有担保的可以离店时结账,无担保的一定要实现划款,多退少补。

(4)尽可能多地了解客人对酒店产品与服务质量的意见,帮助酒店提高服务质量。

(5)向客人递交宾客意见反馈表时要双手呈送和接下,表示感谢,并存入指定档案。

(6)应在 3 分钟内完成离店结账手续,如超过时间查房还未结束,可直接为客人办理结账手续。

任务情境 5：

下班时，请退出 Cashiering，打印收银单据，并与财务部办理交接事宜。

◇ **操作方法**

参考工作任务 901 之任务情境 11 的操作方法。

➤ **工作任务 903**：打印收银报表

任务情境：

生成 Financial 中的 Posting Summary Report（昨天和今天抛账总结报表）并提交，注意提交前请先打开报表并仔细研读。

◇ **操作方法**

详细步骤参考工作任务 204，注意报表类型和格式的选择，生成抛账总结报表。

点击【Miscellaneous】→【Reports】→在右上角报表类型选择区选择 Financial（财务报表）→左边报表选择区选择"1 Posting Summary Report"→报表生成类型中选择"Export"（输出）→在报表输出格式中选择"Excel Files"（Excel 文件格式）和存储文件的地址和文件名（如学号＋姓名＋抛账总结报表）→点击下方【Print】按钮→弹出【Selection Parameters for Posting Summary Report】对话框，【Date from】选择 1 月 24 日，【Date to】选择 1 月 25 日→点击【OK】，就生成了 1 月 24 日—25 日抛账总结报表。使用 Excel 打开你生成的报表来审阅和分析，在你确认你的文件无误之后，接下来，你可以把生成的文件上传交作业了。

五、实训考核与评分

（一）考核项目

1. 熟练完成收银账号的登录与退出；
2. 正确完成入住押金的收取和抛账、修改账目、调整账目操作；
3. 根据客人要求完成同客分账与异客分账操作；
4. 完成简单的结账离店操作。

（二）实训评分（见表 9-1）

表 9-1　实训评分

序号	评价类型	评价内容	分值	评分
1	过程评价（50 分）	参与讨论	10	
2		工作数量	10	
3		工作质量	10	
4		对外沟通	10	
5		团结协作	10	

续表

序号	评价类型	评价内容	分值	评分
6	结果评价(50分)	能正确完成收取入住押金的操作	5	
7		能熟练操作抛账、修改账目、调整账目	25	
8		能熟练完成分账操作	5	
9		能完成结账离店操作	10	
10		能正确打印收银报表	5	
		合计	100	

六、实训小结

实训9　收银与结账离店

1. 当用户进行任何涉及账户的操作时，系统自动要求收银用户登录

2. 抛账（Posting）功能是将个人消费项目记录到客人账户中去，其中消费项目、价格、数量等栏目必须填写

3. 抛账（Posting）操作中，价格输入负值是用来冲减账目，在【备注（Remarks）】中需输入原因

4. 夜审操作之前要关闭主程序Fidelio或Sinfonia，否则夜审过程中会自动中断

5.【修改账目（Edit Detail）】功能只能修改当日抛账的账目；如果发现之前抛账的账目有错误，可以通过【冲减（Rebate）】操作来使账户余额正确，即在【Price】栏输入负值来抵多算的消费额

6. 正常结账离店（Check Out）操作完成后，客人状态由预期离店（Due Out）变为离店（Checked Out），客房状态由在住房（Due Out Clean, DC或Due Out Dirty, DD）变为空脏房（Vacant Dirty）

即测即评

收银与结账离店

七、实训拓展

1. 301房的客人王明先生刚刚入住，交押金3000元。请按照题目要求将信息录入PMS系统。

关键步骤操作提示：

打在客人账单，点击【选项（Options）】→选择【仅支付（Pay Only）】→在弹出的支付对话框【金额（Amount）】输入"3000"→点击【抛账（Post）】→确认【OK】，返回到客人账单，可以查看客人账户余额（Balance）变为"－3000"，完成入住押金的缴纳操作。

2. 303房的客人李志要求接机，接机费用500元，客人已签字确认。请按照题目要求将信息录入PMS。

关键步骤操作提示：

抛账（Posting）时，【消费项目（Dept）】可以选择交通费（Transportation），【注释（Reference）】栏输入接机费用注明。

3. 由于前台员工的疏忽，303房的客人李志300元的洗衣费误入账到301房客人

王明的账上,在下班前对账时及时发现了,需要调账。请按照题目要求将信息录入 PMS。

关键步骤操作提示:

301 房错误入账的洗衣费要删除。双击该账目,【数量(Qty)】改为"0",同时输入【原因(Reason)】;如果是第二天发现错误,无法删除该笔账目,则可以通过冲减操作完成。

4.303 房的客人李志的账单中有一笔 1000 元的餐费消费,但是公司规定只可以报销 200 元,多余的需要自己支付,多余部分也不要显示在公司账单中。请按照题目要求将信息录入 PMS。

关键步骤操作提示:

将李志的账单分成两份(一份为公司账单,一份为个人支付账单),餐饮费抛账两次,一次为 800 元,一次为 200 元,将 800 元的餐饮费拖到个人支付的子账单里。

实训 10
转账与结账离店

客人的账户操作除较为简单的查看账单、抛账、离店等,还包括许多更加复杂的操作。比如,客人结账时使用超过一种支付方式进行结算,这涉及分账操作;比如由于酒店服务有过错,需要减免客人的一些费用,这涉及账目调整操作;比如,客人需要将费用转移到客人本人其他账页,或者转移到其他客人账页,这涉及账面转账。

本实训主要模拟分账(Routing)、账目转移(Transfer)、账目调整(Adjust)和劈账(Split)等操作,领会客人转账、分账等要求并能在系统中完成。

一、实训目标

1. 掌握单客人账户操作中的同客分账、同客转账、账目调整和劈账;
2. 掌握多客人账户操作中的异客分账和异客转账、账目修改、账目调整;
3. 掌握历史账单的查询;
4. 掌握收入报表的生成及报表的结构。

二、实训内容

工作任务 1001:单客人账户操作
工作任务 1002:多客人账户操作
工作任务 1003:打印收入统计报表

三、实训课时

2 学时。

四、实训步骤和方法

➢ 工作任务1001：单客人账户操作

请使用TRAINER用户名登录Sinfonia系统完成如下操作,当遇到操作上的疑问时,可以在Sinfonia中点击F1键来调用"联机帮助"功能。

任务情境1：

建立下列两位客人的预订：

1. 刘蓓(Liu Bei)
- Arrival：2010-01-01
- Departure：2010-01-02
- Tel：15986888889
- Rate Code：CORP1
- Room Type：DKN(豪华大床房)
- Source：NAC
- Pay Method：Cash

2. 关宇(Guan Yu)
- Arrival：2010-02-03
- Departure：2010-02-04
- Tel：15986888889
- Rate Code：Walk In
- Room Type：STW(标准双床房)
- Source：NAC
- Pay Method：Cash

◎ 操作方法

点击【预订(Reservations)】→【新建预订(New Reservation)】(或直接按快捷键"Ctrl+N")→在新建预订查找对话框【Guest Name】栏输入客人的姓(英文),【First Name】栏输入客人的名(英文)→弹出预订信息录入对话框,在相应栏目中输入相关信息全部输入完后,点击【确认(OK)】按钮→弹出客人的预订号码提示框,表示预订成功。

任务情境2：

为刘蓓、关宇办理入住手续(注意关宇提前到达酒店),并为散客张斐办理入住手续。
- Departure：2010-01-02
- Tel：15958688887
- Rate Code：Rack
- Room Type：DKN
- Pay Method：Cash

◎ 操作方法

关宇属于提前入住,办理入住时要先修改客人到店时间为今日,分房可以采取系统默认房号。

给散客张斐办理入住：

点击【前台(Front Desk)】→【到达者(Arrivals)】→点击【散客(Walk In)】→输入客人姓名、联系电话、离店日期、房型、支付方式等信息→点击【确认(OK)】保存，弹出系统分房结果和办理入住确认框→点击【是(Yes)】在弹出的房卡数量确认框选择"1"→弹出入住成功提示框，表示办理入住成功。

任务情境3：

为下面的客人消费进行抛账与入账操作。

- 刘蓓的洗衣消费100元，服务费15%
- 刘蓓餐厅午餐消费400元

◇ 操作方法

【收银(Cashiering)】→【账单(Billing)】(或直接按快捷键"Ctrl+B")→收银账户登录→在【客人账单查找(Billing Guest Search)】对话框中勾选刘蓓、关宇和张斐3位客人，点击【选定(Select)】，打开3位客人的账单→选定刘蓓客人账单，点击【抛账(Postings)】，进入【手动抛账(Manual Posting)】对话框点击【消费项目(Dept)】下拉箭头，在弹出的列表中选择洗衣服务，【价格(Price)】一栏中输入"100"→点击【入账(Post)】，消费项目显示在上方列表框中，表明抛账成功→再次点击【消费项目(Dept)】下拉箭头，在弹出的列表中选择洗衣服务费，【价格(Price)】一栏中输入"15"→点击【入账(Post)】→再次点击【消费项目(Dept)】下拉箭头，在弹出的列表中选择午餐，【价格(Price)】一栏中输入"400"→点击【入账(Post)】→所有消费抛账结束，点击【关闭(Close)】，返回到刘蓓的账单，可以查看出目前客人账户余额为515.00元。

任务情境4：

1月1日晚上，三人在餐厅吃饭，消费1650元+15%服务费。请将消费抛账到张斐的账户。

◇ 操作方法

选定客人张斐的账单，点击【抛账(Postings)】，进入【手动抛账(Manual Posting)】对话框→点击【消费项目(Dept)】下拉箭头，在弹出的列表中选择【餐厅消费(Room Service)】，【价格(Price)】一栏中输入"1650"→点击【入账(Post)】→点击【是(Yes)】确认抛账(因单次抛账金额较多，系统会弹出确认框)，消费项目显示在上方列表框中，表明抛账成功。再次点击【消费项目(Dept)】下拉箭头，在弹出的列表中选择【餐饮服务费(Room Service Charge)】，【价格(Price)】一栏中输入"247.5"→点击【入账(Post)】→点击【关闭(Close)】，返回到张斐的账单，可以查看出目前张斐账户余额为1897.50元。

 操作技巧

在抛账过程中可以通过快捷键"Ctrl+Z"调用计算器来计算服务费等费用。

任务情境5：

任务情境4中，由于收银员计算错误，客人张斐实际消费1350元，客人张斐发现了这个错误。请将客人消费进行修改(请注意服务费的结算)。

◇ 操作方法

双击张斐的餐厅消费账目(或点右键，选择【Edit Details】)→将弹出【修改交易项目(Edit Transaction Details)】对话框中的【价格(Price)】一栏中的数据修改为"1350"→

点击【确认(OK)】,同样修改服务费→双击张斐的餐饮服务费消费账目→【价格(Price)】一栏中的数据修改为“202.5”→点击【确认(OK)】,返回到张斐账单,目前张斐账户余额为1552.50元。

操作技巧

本题操作中,客人消费额和服务费的修改,也可以分别通过【冲减(Rebate)】操作输入负值使客人账户余额正确,但后续操作中需要进行折扣和拆账处理,除非账务操作非常熟悉,否则不建议【冲减(Rebate)】操作。

任务情境6:

客人看到客房广告中有对住店客人餐饮8折优惠的促销,在与酒店交涉后,酒店对客人的餐饮消费打8折处理。

◇ **操作方法**

打开张斐的账单→点击【账目调整(Adjust)】,弹出账目调整对话框(见图10-1)。【消费代码(Department Code)】选择餐饮费(FB)和餐饮服务费(Room Service Charge),【折扣率(Discount Percentage)】一栏中输入“20%”,【折扣部门(Discount Department)】选择餐饮冲减(Rebate-Room Service)→点击【确认(OK)】,弹出确认框→点击【是(Yes)】,完成折扣操作,返回到张斐账单,可以查看到张斐的账单多出一条新账单来抵消(见图10-2)。

图10-1 账目调整对话框

(1) Zhang 1,242.00

Arr		Department	Date	Amount	Price	Quantity	Supplement	Reference	User	Time
03	233	Room Service - Dinner	24/01/07	1,350.00	1,350.00	1			TRAINER	10:51:04
01	602	AR-Room Service Charge	24/01/07	202.50	202.50	1			TRAINER	10:51:47
03	239	Rebate-Room Service	24/01/07	-310.50	310.50	-1	Discount on 1,552.50 (FB,602		TRAINER	11:29:31

通过增加一条负值账

图10-2 调整账目的结果为“增加一条,负账抵消”

Note

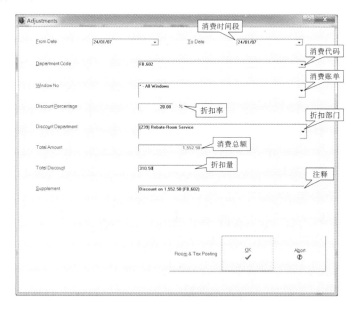

操作技巧

【调整账目(Adjust)】功能通常用于对已发生过账的补偿或折扣，可以批量完成账目补偿、折扣的计算和过账操作。

任务情境 7：

由于事先说好采用 AA 制结账，故关宇、刘蓓要求将晚餐消费分为 3 份。请将餐饮费(Room Service)、餐饮服务费(Room Service Charge)和折扣费(Rebate-Room Service)各自拆成 3 份。

◇ **操作方法**

打开张斐的账单→选定 1350 元餐饮费(Room Service)账目→点击【劈账(Split)】，弹出劈账操作对话框(见图 10-3)→在【Amount to Split】栏输入 450(将餐饮费 1350 元分成 3 份)，点击【确定(OK)】完成第一次劈账操作，结果见图 10-4→选定 900 元餐饮费(Room Service)账目→点击【劈账(Split)】→【Amount to Split】一栏中输入"450"→点击【确定(OK)】，完成餐饮费(Room Service)劈账操作。

同样接着完成餐饮服务费(Room Service Charge)和折扣费(Rebate-Room Service)的劈账，注意的是折扣费劈账时在【Amount to Split】栏输入负值。

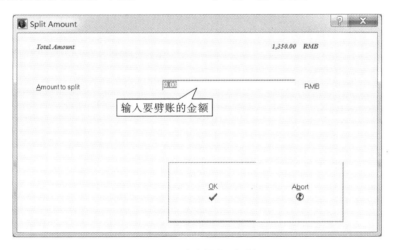

图 10-3　劈账操作对话框

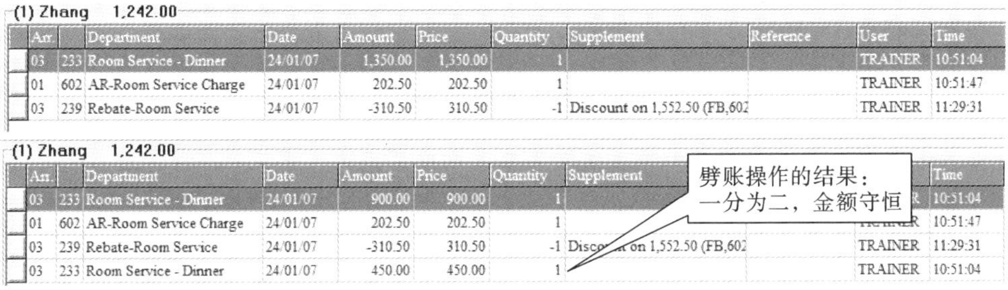

图 10-4　劈账操作的结果为"一分为二，金额守恒"

操作技巧

【劈账/拆账(Split)】操作是对选定的账目进行拆分,结果是账目一分为二,金额不变,常用于一位以上客人要求分摊消费时。

➢ 工作任务 1002:多客人账户操作

任务情境 1:

将工作任务 1001 中的任务情境 7 涉及的账目分别记入每人房账中,使用转移部分消费的方法将消费进行转移。

◇ **操作方法**

打开客人张斐的账单→鼠标勾选需要转移的账目,即 450 元的餐饮费(Room Service)、67.5 元的餐饮服务费(Room Service Charge)和−103.5 元的折扣费(Rebate-Room Service)(见图 10-5)→点击【转账(Transfer)】按钮,弹出【转移对象选择(Billing Guests Search)】对话框(见图 10-6)→选择转账对象(如关宇)→点击【选择(Select)】按钮完成转移,显示转移的账目条数(见图 10-7)。打开关宇的账单,可以查看到关宇账单多了 3 条账目(见图 10-8)。依此步骤完成转账到刘蓓的操作,操作完成后刘、关、张 3 位客人账户余额分别为 929 元、414 元、414 元。

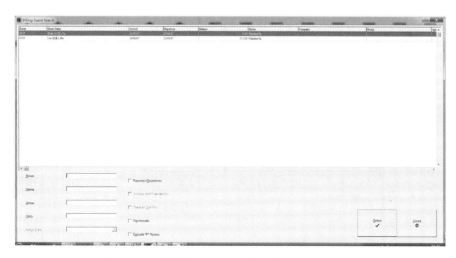

图 10-5　直接转移账目法的第一步:勾选需要转移的账目

图 10-6　直接转移账目法的第二步:确定转账对象

实训 10　转账与结账离店　145

图 10-7　转账条数提示框

图 10-8　转移账目操作的结果：此消彼长，总量守恒

 分析思考

如果此时关宇要求结账离店，应该如何操作？为什么关宇的账单右下角没有【结账离店（Check Out）】按钮，而是被【结算（Settlement）】代替了？

参考答案

 操作技巧

在 Sinfonia 系统中，客人可以结账离店（Check Out）当且仅当客人状态为本日预期离店（Due Out）。

知识活页

（1）转账操作过程会被系统自动记录在该账单的【Supplement】中以供查验。【Supplement】是系统的自动备注，不会显示在客人的账单里。

（2）转账时，虽然显示的是"Room"，但是打开的是在店客人信息列表，选中其他客房或者选择合住的另外一位客人的账户转账即可。

任务情境 2：
夜审操作（夜审前，请注意务必关闭打开的 Sinfonia 程序，否则夜审将无法进行，夜审之后，系统时间应为 1 月 2 日）。
　◇ 操作方法
双击夜审图标→在夜审登录对话框输入用户名和密码（本教学 PMS 均设为 TRAINER）→点击【登录（Login）】，弹出夜审操作对话框→点击【开始（Start）】，开始夜审→弹出【Missing Country Codes（国家代码未输入）】对话框，补全后点击【继续(Continue)】→弹出【今天天气、留言与夜审员(Today's Weather, Notes and Night Auditor)】对话框，输入后点击【确认(OK)】按钮→之后弹出各种对话框，选择默认选项→最后弹出夜审完成对话框，点击【确认】，返回到夜审操作对话框→点击【Close】退出夜审程序。

任务情境3：

前日，刘蓓因投资失败，无力支付酒店消费，故经许可后，将所有餐饮费用转移至关宇账下；张斐看出刘蓓的经济困难，主动要求将其他费用转移至自己账户下，请使用转移批量消费的方法将消费进行转移。

◇ 操作方法

先将刘蓓所有餐饮费转移至关宇账下：

打开刘蓓的账单→点击【转账(Transfer)】按钮，弹出转移类型对话框→在【转移到(Transfer to room)】输入框中选择关宇房号和姓名→点击【转账(Transfer)】按钮，打开【账目选择(Transfer to Selection)】对话框→点击【Department Code】下拉键选择餐饮(FB)→点击【确认(OK)】完成操作，可以查看出刘蓓餐饮费用全部转移至关宇账单上。

再将刘蓓其他费用转移至张斐账下：

打开张斐的账单→点击【转账(Transfer)】按钮，弹出转移类型对话框(见图10-9)→在【转移从(Transfer from room)】输入框中选择刘蓓房号和姓名→点击【转账(Transfer)】按钮，打开【账目选择(Transfer to Selection)】对话框(见图10-10)。点击【Department Code】下拉键选择餐饮(FB)后选择【排除(Exclude)】，同时取消勾选【Inclusive】→点击【确认(OK)】完成操作，可以查看出刘蓓其他费用全部转移至张斐账单上(见图10-11)。

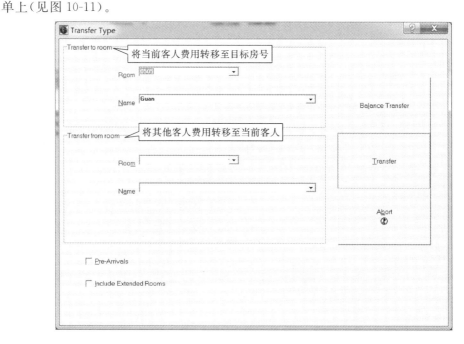

图10-9 转移类型对话框

实训 10　转账与结账离店　　147

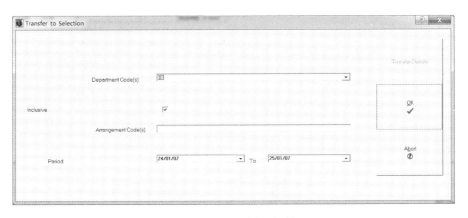

图 10-10　账目选择对话框

图 10-11　转移账目的结果是:此消彼长,总量守恒

操作技巧

如果转移账目时发生了错误,可以通过【退回(Return)】来进行转移账目的退回操作。

任务情境 4:

关宇因信用卡失效无法支付费用,故经张斐许可后,将所有费用转至张斐账下,请使用转移结余的方法转移关宇的费用至张斐账户中。

◇ 操作方法

打开关宇的账单→点击【转账(Transfer)】按钮→点击【结余转移(Balance Transfer)】按钮,弹出【转移结余(Transfer Balance)】操作对话框(见图10-12)→在【转移对象(Transfer To)】中选择客人房号(Room),【姓名(Name)】选择张斐,【子账单(Window)】选择账单编号→点击【确定(OK)】完成操作,可以查看关宇和张斐账单均增加一条账目(见图10-13)。

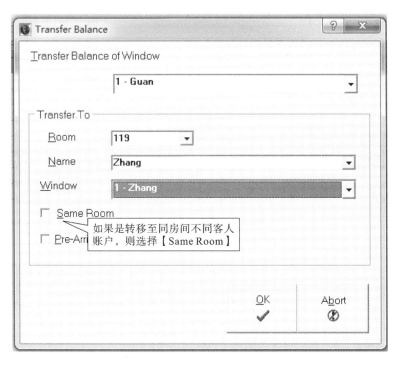

图 10-12　转移结余操作对话框

(1) Guan　0.00

Arr.		Department	P/B	Date	Amount	Price	Quantity	Supplement	Reference	User	Time
	210	Golden Nugget		01/01/10	400.00	400.00	1	午餐;117 Liu, Bei		TRAINER	17:59:16
	250	Room Service		01/01/10	450.00	450.00	1	3人聚餐;119 Zhang, Fei		TRAINER	18:17:30
	250	Room Service		01/01/10	-103.50	-103.50	1	Discount on 1,552.50 (250		TRAINER	18:18:54
	250	Room Service		01/01/10	450.00	450.00	1	3人聚餐;119 Zhang, Fei;11		TRAINER	18:17:30
	250	Room Service		01/01/10	-103.50	-103.50	1	Discount on 1,552.50 (250		TRAINER	18:18:54
	250	Room Service		01/01/10	67.50	67.50	1	服务费;119 Zhang, Fei		TRAINER	18:21:41
	250	Room Service		01/01/10	67.50	67.50	1	服务费;119 Zhang, Fei;117		TRAINER	18:21:41
	100	*Room Charge		01/01/10	90.00	90.00	1			TRAINER	18:43:26
	101	*Tax		01/01/10	9.00	9.00	1			TRAINER	18:43:26
	879	Transfer Balances		02/01/10	-1,327.00	1,327.00	-1	To Zhang 119 (1) /		TRAINER	19:07:00

增加一条负值账目，恰好抵消客人账单余额

(a)

(1) Zhang　2,188.00

Arr.		Department	P/B	Date	Amount	Price	Quantity	Supplement	Reference	User	Time
	610	Laundry		01/01/10	100.00	100.00	1	117 Liu, Bei		TRAINER	17:47:40
	610	Laundry		01/01/10	15.00	15.00	1	洗衣服务费;117 Liu, Bei		TRAINER	17:57:51
	250	Room Service		01/01/10	450.00	450.00	1	3人聚餐		TRAINER	18:17:30
	250	Room Service		01/01/10	-103.50	-103.50	1	Discount on 1,552.50 (250		TRAINER	18:18:54
	250	Room Service		01/01/10	67.50	67.50	1	服务费		TRAINER	18:21:41
	100	*Room Charge		01/01/10	156.00	156.00	1	117 Liu, Bei		TRAINER	18:43:26
	100	*Room Charge		01/01/10	160.00	160.00	1			TRAINER	18:43:26
	101	*Tax		01/01/10	16.00	16.00	1			TRAINER	18:43:26
	879	Transfer Balances		02/01/10	1,327.00	1,327.00	1	From Guan 142 (1) /		TRAINER	19:07:00

(b)

图 10-13　结余转移的结果：均增加一条账目，原客人所增加账目金额恰好抵消账单余额

Note

> 知识活页
>
> 与转移账目(Details Transfer)不同,结余转移(Balance Transfer)所转移的不是账目,而是账单的余额,其好处在于,客人账目不会转移而只是将费用转移,不影响客人对账目的查询。

任务情境 5:

为刘蓓、关宇、张斐办理结账离店手续,并打印客户账单。客人张斐共消费多少元?

◇ **操作方法**

选定刘蓓的账单(Billing)→点击【结账离店(Check Out)】→结账离店完成(因客人余额为0,不需要支付)。

选定关宇的账单(Billing)→点击【结账离店(Check Out)】→打印消费明细,客人核对签字(也不需要支付)点击【关闭(Close)】退出,完成关宇结账离店操作。

选定张斐的账单(Billing)→点击【结账离店(Check Out)】→弹出账单结算支付对话框→如果确认收取到相应金额(本例中为2188元),点击【支付(Post)】确认支付→打印消费明细,客人核对签字后作为结账凭证→点击【关闭(Close)】,完成张斐结账离店操作。

任务情境 6:

下班时间到了。请退出收银管理,并打印收银单据,与财务部办理交接事宜。

◇ **操作方法**

点击【收银(Cashiering)】→【收银关账(Close Cashier)】,弹出退出收银账户对话框→输入收银账户密码,点击【登录(Login)】,弹出收银明细对话框→查看本次登录期间的所有账户操作→确认账户操作无误后点击【确定(OK)】按钮,弹出收银汇总对话框(见图10-14)→点击【确定(OK)】,弹出收银抽屉清零确认框→与财务部交接现金2188元,点击【是(Yes)】,退出收银操作。

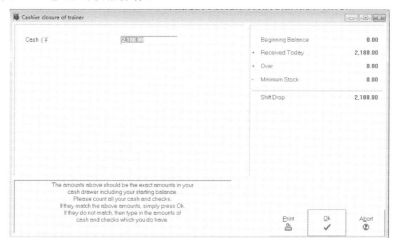

图10-14 本班次收银汇总表

任务情境 7：

再次进行夜审操作，之后登录 Sinfonia，系统时间应为 1 月 3 日。关宇打电话给酒店说自己住店消费的票据遗失，需要酒店再次为他打印一份票据。

◎ 操作方法

夜审操作程序见工作任务 1002 的任务情境 2。

点击【收银(Cashiering)】→【账单(Billing)】→收银员【登录(Login)】→弹出【客人账单查找(Billing Guest Search)】对话框，勾选【Check Out Only】选择关宇，点击【Select】→点击【账单打印(Info Copy)】。

➢ 工作任务 1003：打印收入统计报表

任务情境：

生成 Financial 中的 Sales Revenue/Market Report Sheet 销售收入报表并提交（注意：在选择报表时间时，务必选择 1 月 2 日）。

◎ 操作方法

详细步骤参考工作任务 204，注意报表类型和格式的选择，生成抛账总结报表。

点击【Miscellaneous】→【Reports】→在右上角报表类型选择区选择"Financial"（财务报表）→左边报表选择区选择"1 Sales Revenue/Market Report Sheet"→报表生成类型中选择"Export"（输出）→在报表输出格式中选择"Excel Files"（Excel 文件格式）和存储文件的地址、文件名（如学号＋姓名＋销售收入报表）→点击下方【Print】按钮→弹出【Sales Sheet Report】对话框，【For Date】选择"1 月 2 日"→点击【OK】，就生成了销售收入统计报表→使用 Excel 打开你生成的报表来审阅和分析，在你确认你的作业无误之后，接下来，你可以把生成的文件上传交作业了。

行业案例

信用卡引发的酒店住宿消费纠纷

引导案例

这是谁的责任？

> **知识活页**
>
> 收银结账主要是指处理客人的账务、负责除酒店外包部门以外的各营业点的收款业务（如餐厅、酒吧等收银点）和办理客人的离店结账手续。酒店普通客人消费、结账的数据流程图如图 10-15 所示。客人在店期间可以根据所交押金的额度允许客人消费时将消费金额用抛账方式挂到该客人的账户上，待离店时统一结算。另外，电话费也可以通过程控交换机自动地将该客人的电话费抛到客人账户上。每位客人的账户是通过房间号与该客人建立起联系的，根据房号可以容易地查到客人账户。但客人的消费是与客人一一对应的，房间号只是作为查找客人账户的线索。最后离店结账时，可以根据客人的需求打出多个账单给客人。

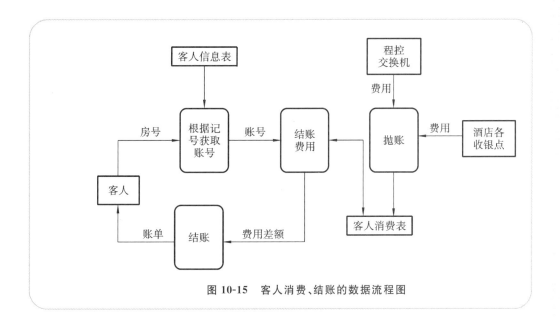

图 10-15 客人消费、结账的数据流程图

五、实训考核与评分

(一)考核项目

1. 熟练完成账目调整和劈账操作;
2. 在不同客人账户中进行部分账目转移、批量账目转移和结余转移操作,实现客人之间互相转账;
3. 读懂收入报表并辅助酒店经营。

(二)实训评分(见表 10-1)

表 10-1 实训评分

序号	评价类型	评价内容	分值	评分
1	过程评价(50分)	参与讨论	10	
2		工作数量	10	
3		工作质量	10	
4		对外沟通	10	
5		团结协作	10	
6	结果评价(50分)	账目调整和劈账操作	10	
7		不同客人间转移账目操作	20	
8		结账离店操作	10	
9		销售收入统计报表正确	10	
		合计	100	

六、实训小结

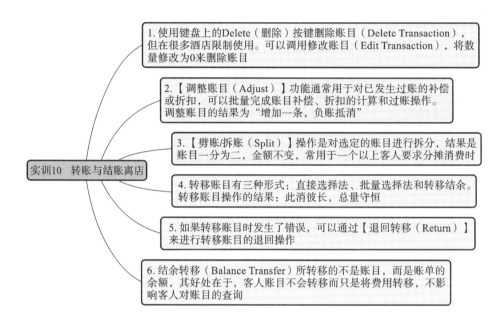

即测即评

转账与结账离店

七、实训拓展

工作任务：转账、结账与离店

1. 101房的客人王敏来到前台结账离店，碰见多年不见的朋友王虹，王敏要求为王虹支付所有费用。王虹房间号码是201，王虹不结账离店。请按照题目要求将信息录入PMS系统。

关键步骤操作提示：

通过结余转账（Balance Transfer）操作实现。

打开201房的客人王虹的账单→点击【转账（Transfer）】按钮→点击【结余转移（Balance Transfer）】按钮，弹出【转移结余（Transfer Balance）】操作对话框→在【转移对象（Transfer To）】中选择客人房号→【姓名（Name）】选择"王敏"，【子账单（Window）】选择账单编号→点击【确定（OK）】完成操作。

2. 103房的客人李四和104房的客人张三好友在餐厅打赌，谁输了谁为对方买单。结果103房的客人李四输了，104房的客人张三其全部费用由103房的客人李四支付，但结账离店时要求酒店保留自己的消费项目。请按照题目要求将信息录入PMS系统。

关键步骤操作提示：

通过结余转账（Balance Transfer）操作实现。

打开104客房账单→点击【转账（Transfer）】按钮→点击【结余转移（Balance Transfer）】按钮，弹出【转移结余（Transfer Balance）】操作对话框→在【转移对象

(Transfer To)】的【房号(Room)】中选择"103",【姓名(Name)】选择"李四",【子账单(Window)】选择账单编号→点击【确定(OK)】完成操作。

3.经查询103房押金不足,加收住房押金2500元,此外对103房客人进行如下收银操作。

(1)收小酒吧饮料费30元;

(2)先收一笔洗衣费40元,再收一笔洗衣费70元,要求这两笔费用能够合账;

(3)收国际长途电话费100元,之后发现是错账,要求做整笔对冲;

(4)收大堂酒吧消费560元,之后发现多收了90元,要求做账目冲减;

(5)客人因有急事要求提前离店,办理离店手续时客人有张300元的优惠券,请为客人冲减、退押金并办理离店结账手续。

关键步骤操作提示:

加收住房押金:打开【账单(Billing)】→点击【选项(Options)】→选择【仅支付(Pay Only)】,完成押金的支付。

整笔对冲操作:点击【Posting】→【消费项目(Dept)】、【价格(Price)】、【金额(Amount)】栏选择跟入错的账项一致,在【Qty】栏输入"-1",【备注(Remark)s】栏输入原因→点击【入账(Post)】,完成整笔对冲。

账目冲减操作:

点击【Posting】→【消费项目(Dept)】、【数量(Qty)】、【金额(Amount)】栏选择跟入错账的账项一致,在【价格(Price)】栏输入冲减金额"-90",【备注(Remarks)】栏输入原因,【注释(Reference)】输入冲账单编号→点击【入账(Post)】,完成账目冲减。

提前离店:点击【结算(Settlement)】→【提前离店(Early Departure)】→后续步骤与正常离店操作相似。

实训 11
高效抛账与付账操作

要给每位客人入一笔账,较慢、效率较低的方法是逐一入账(Billing),即进入每位客人的账户逐一入账;较快的方法是手动入账(Manual Posting);最快但风险较大的方法是批量入账(Batch Posting),但一旦入错了账,就要手动逐一修改。住店期间客人会只结清消费项目但不退房,客人常常喜欢提前一天把账单结清,以加快次日退房速度,系统支持提前录入房费。

本实训任务主要是完成不同抛账方式操作,能选择正确合适的抛账方式,以提高工作效率。请模拟中期付账(Interim Bill)、提前付账(Advance Bill)与结账离店(Check Out),包括正常离店、提前离店结账方式的操作,理解付账与结账操作的区别。

一、实训目标

1. 掌握每日固定费用的处理办法;
2. 熟练掌握快速抛账,包括批量抛账的方式,能够选择正确合适的抛账操作,以提高工作效率;
3. 正确区分中期付账、提前付账与结账离店,包括正常离店、提前离店结账方式,并能熟练掌握操作。

二、实训内容

工作任务 1101:高效抛账、临时付账与提前离店
工作任务 1102:生成收入统计报表

三、实训课时

2 学时。

四、实训步骤和方法

➢ 工作任务1101:高效抛账、临时付账与提前离店

任务情境1:

酒店接待来自厦门大学王福才教授带队的考察团队师生4人,总共需要3间房。房间安排为王教授一间豪华大床房(DKN),另一名李志华教授为商务大床房(BKN),两名学生李明和张毅共住一间双人标准间(STW),价格为门市价(Rack),预订来源均为散客(IND),入住时期为2010年1月1日—4日,支付方式为现金(Cash),王教授交押金2000元。

◇ **操作方法**

王福才教授、李志华教授的入住参考工作任务701中的任务情境2。

两名学生李明和张毅共住一间:点击【前台(Front Desk)】→【到达者(Arrivals)】→【散客(Walk In)】,弹出【New Reservation】对话框,先办理李明的预订入住→输入姓名、房型、离店日期、价格代码等信息→点击【OK】,保存李明的预订。点击【到达者(Arrivals)】→在到达者操作对话框选定李明,点击【入住(Check In)】→【分房(Room Block)】点击下拉键→选择【支付方式(Cash)】→办理入住成功。

点击【在店客人(In-House Guests)】→输入房间号或姓名查找到李明客人→点击【选项(Options)】→选择【拼房(Shares)】,弹出【Combine Share Reservations】对话框→点击【新建预订(New Reserv.)】,弹出【档案搜索(Profile Search)】。在【Name】栏输入"Zhang",【First Name】栏输入"Yi",点击【查找(Search)】→选择【新建(New)】,返回到【Combine Share Reservations】对话框→点击【OK】,弹出是否拼房确认框→点击【Yes】,弹出房间划分方式操作对话框→默认【平摊(Split)】,点击【OK】→拼房操作完成。

再次点击【到达者(Arrivals)】→找到客人"张毅"→点击【入住(Check In)】,弹出与李明共用房间的确认框→后续都选择【Yes】→选择【支付方式(Cash)】→办理入住成功,李明和张毅共住一间房。

交押金:点击【收银(Cashiering)】→【账单(Billing)】→收银账户登录→在【客人账单查找(Billing Guest Search)】对话框中勾选王福才、李志华和李明、张毅4位客人,点击【选定(Select)】,打开4位客人的账单→选定王福才客人账单,点击【选项(Options)】→选择【仅支付(Pay Only)】→在【金额(Amount)】栏输入支付的押金额"2000",【注释信息(Supplementary Info.)】输入"押金"→点击【过账(Post)】→查看王福才的账单,余额为"-2000",押金交纳成功。

任务情境2:

因考察需要,王教授一行4人向酒店租用大众车辆一部,每日支付300元租金,同时还需要租用电脑一台,租金每天100元。请在王教授房账下建立账户存储这两笔固定费用。

◆ 操作方法

选定王福才客人账单→点击【选项(Options)】→【固定费用(Fixed Charges)】→【新建(New)】，弹出【编辑固定费用(Edit Fixed Charges)】对话框。在【消费项目(Department)】选择交通(本教学 PMS 系统因没有预设该项目，选择 410 Bicycle)，在【价格(Price)】栏中输入"300"→点击【确定(OK)】，返回到【固定费用(Fixed Charges)】操作对话框。选择【新建(New)】→在【消费项目(Department)】栏中选择【设备租用(Equipment Hire)】，【价格(Price)】栏中输入"100"→点击【确定(OK)】，返回到【固定费用(Fixed Charges)】操作对话框→点击【关闭(Close)】，完成固定费用操作。

任务情境 3：

1 月 1 日中午，王教授 4 人在餐厅用餐消费 600 元，计入王教授房账下。为节约时间，王教授要求从 1 日晚餐开始入住期间的中餐、晚餐全部采取自助餐形式，每餐每人 98 元标准，餐费分别记在每个人房账下，请思考如何快速完成该抛账。(提示：采用 Cashier Functions 中的 Batch Postings 操作)

◆ 操作方法

选定王福才客人账单→点击【抛账(Posting)】→在【消费项目(Dept)】栏中选择餐厅用餐，在【价格(Price)】栏中输入"600"→点击【过账(Post)】，弹出确认对话框→点击【是(Yes)】→可以查看出客人账户余额为"－1400.00"，点击【关闭(Close)】退出账单。

点击【收银(Cashiering)】→【收银功能(Cashier Functions)】，弹出【收银选项(Cashier Options)】对话框(见图 11-1)。选择【批量抛账(Batch Postings)】→收银员账户登录，输入密码→弹出【批量抛账(Batch Post)】操作对话框(见图 11-2)。在【消费项目(Department)】选择对应信息，【金额(Amount)】栏中输入"98"，【房号(Rooms)】选择王教授、李志华教授、李明、张毅 4 位客人房间号→点击【确定(OK)】，弹出已过账提示框→点击【Yes】按钮查看抛账细节，完成批量抛账。

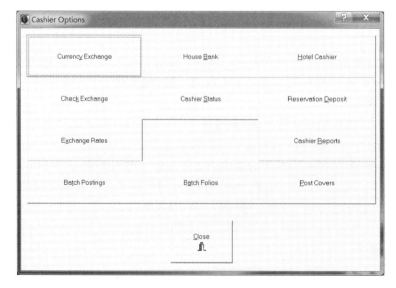

图 11-1　收银选项对话框

实训 11　高效抛账与付账操作

图 11-2　批量抛账对话框

操作技巧

批量抛账(Batch Posting)功能多用于团队、会议中客人的餐费的抛账,简单快捷。

任务情境 4:

晚上王教授在清点行李时,发现一张即将过期的支票,金额为 3000 元,支票号为 123456,为防止支票过期,至前台要求将李志华教授和李明、张毅入住期所有房费结算后使用支票支付部分费用。

◇ 操作方法

打开李志华的账单→点击右下角【结算(Settlement)】→选择【提前付账(Advance Bill)】,系统弹出【固定费用过账(Fixed Charges)】对话框(见图 11-3)→点击【全部停留期间(Entire Stay)】,弹出支付窗口→在【金额(Amount)】栏输入"3000",在【注释(Reference)】栏输入支票号"123456"→点击【支付(Post)】→查看李志华的账单,余额为"-2572.00"(本教学 PMS 系统数据,各系统会不同),支票支付操作完成。

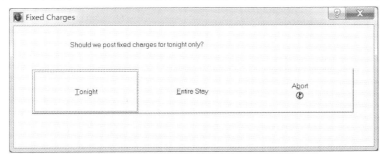

图 11-3　固定费用过账确认对话框

依此同样步骤，接着把李明和张毅两位客人的房费全部过账到客人账单上去。

操作技巧

Settlement（结算）：提供客人需要在预计结账离店时间之前，对入住期间所产生的费用进行结算的功能。

Interim Bill（临时付账）：结当前窗口的所有费用。在店客人要求结当前的费用，但他今天不走，用此选项。例如，旅游团第二天一早要离店，客人的杂费要在头天晚上结清。

Advance Bill（提前付账）：将预期要发生的费用提前结。例如，客人明天走，今天要结所有费用，包括房费，要选此项。这时客人状态保持"Checked In"不变。

Early Departure（提前退房）：如果客人要提前退房，用此选项。点击"Early Departure"按钮后进入"Payment"结算界面，此时不会过房费，因为房费前一天夜审时已经过了，完成后客人状态变为"Checked Out"。日用房的客人结账时选"Early Departure"，则账单里会入一笔房费。

任务情境5：

晚上4人每人洗衣服务120元，请采用抛账功能中的手动抛账分别抛账在各自房账里。

◇ 操作方法

点击【收银（Cashiering）】→【Posting】→收银员登录→【Manual Posting】，弹出【手动抛账（Manual Posting）】对话框（见图11-4）。选择【房号（Room）】，在【消费项目（Dept）】栏选择"Laundry"（洗衣服务），【价格（Price）】栏输入"120"→点击【过账（Post）】。重复前面步骤，依次完成其他3位客人的洗衣费抛账。

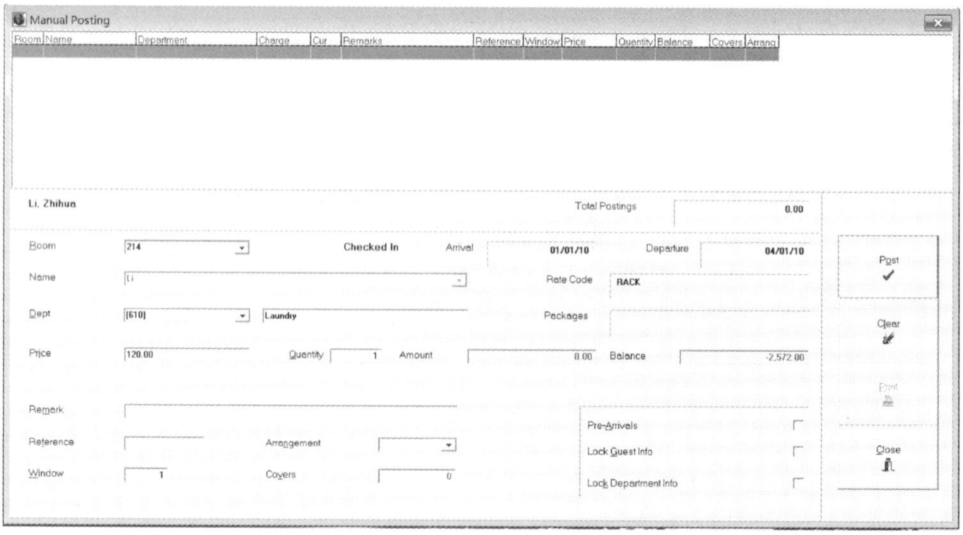

图11-4 手动抛账对话框

操作技巧

手动抛账（Manual Posting）在输入过程中可以改变房号（Room）。

如果要为某一客人入多笔费用，可以通过选定 Lock Guest Info 来锁定客人入账；如果要以同样的消费代码（Department Code）入多笔费用，可以通过选定 Lock Departure Info 来锁定消费代码入到多位客人账户。

知识活页

手动抛账（Manual Posting）与账单（Billing）下的抛账（Posting）功能极其相同。不同的是手动抛账操作中查看不到客人具体的消费项目，因此当客人要求保密消费时通常采用手动抛账。

三种抛账（入账）方式的比较：要给每位客人入一笔账，较慢但出错率较低的方法是账单下的抛账，但这种抛账方式的弊端是一旦收银员打开客人的账户，其他收银员则不能同时打开该客人的账户；较快的方法是手动抛账；最快但风险较大的方法是批量抛账，但一旦入错了账，就要手动逐一修改。

任务情境 6：

请登录 PMS 系统进行夜审操作。

◇ 操作方法

参考前文的夜审操作流程。夜审完成后打开 PMS 系统，系统日期显示当日为 1 月 2 日。

任务情境 7：

第二天（1 月 2 日）早上 4 人在餐厅用完早餐后（早餐费用包含在房费内，不用再抛账），考虑到今天考察会比较累，由学生李明在餐厅购买 4 份小零点，每份 38 元，抛账在学生房账上。

◇ 操作方法

点击【收银（Cashiering）】→【账单（Billing）】→收银员账户登录→在【客人账单查找（Billing Guest Search）】对话框中勾选王福才、李志华和李明、张毅 4 位客人，点击【选定（Select）】，打开 4 位客人的账单→选定李明客人账单→点击【抛账（Posting）】→【消费项目（Dept）】选择早餐，【价格（Price）】栏输入"38"，【备注（Remarks）】栏输入"小零点"→点击【过账（Post）】→点击【关闭（Close）】退出，返回到客人账单。

任务情境 8：

由于学校临时有重要事情，王教授需要提前回到学校开会，为王教授办理提前离店（Early Departure）手续。

◇ 操作方法

选定客人王福才的账单点击右下角【结算（Settlement）】→选择【提前离店（Early Departure）】，弹出账单结算支付对话框→【金额（Amount）】栏默认为"－606.00"（教学 PMS 系统数据），表明需要退还客人押金，点击【支付（Post）】→押金退还→再次点击右下角【结算(Settlement)】→选择【提前离店(Early Departure)】,弹出【客人王福才的账单(Wang Folio)】对话框→点击【打印(Print)】,打印账单给客人签字→点击【确认(OK)】,完成客人提前离店操作,账单底色变为灰色(见图11-5)。

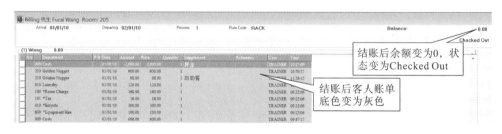

图 11-5　客人王福才结账离店操作后的账单

 操作技巧

在 Sinfonia 系统中,永远不要在客人离店前使用提前离店(Early Departure)功能。

任务情境 9:

中午用完餐后,学生李明因购买食品较多而导致房账欠费较多,前台致电李明请客人支付部分账目,李明来到前台使用现金支付 2000 元。

◇ 操作方法

先用批量抛账(Batch Posting)将 3 位客人的午餐过账到各自房账上,再去完成临时付账操作。

点击【收银(Cashiering)】→【收银功能(Cashier Functions)】,弹出【收银选项(Cashier Options)】对话框(见图 11-1)→选择【批量抛账(Batch Posting)】→收银员账户登录,输入密码→弹出【批量抛账(Batch Posting)】操作对话框(见图 11-2)。在【消费项目(Department)】选择相应信息,【金额(Amount)】输入"98",【房号(Rooms)】选择李明、李教授、张毅 3 位客人房间号→点击【确定(OK)】,弹出"已过账"提示框→点击【Yes】按钮查看抛账细节,完成批量抛账。

选定客人李明的账单→点击右下角【结算(Settlement)】→选择【临时付账(Interim Bill)】,弹出账单结算支付对话框→【金额(Amount)】栏默认为"2000"→点击【支付(Post)】→完成临时付账操作。

知识活页

提前付账(Advance Bill)与临时付账(Interim Bill)相同点

结账而不离店,操作后客人状态不变,还是在住(Checked In)或预期离店(Due Out);

不同点:提前付账可以处理未来费用,临时付账只处理当前已发生的费用。

操作技巧

临时付账(Interim Bill)可以看作不收取未发生费用的提前付账(Advance Bill)。

任务情境 10：

进行夜审操作，夜审完成后打开 PMS 系统，系统日期显示当日为 1 月 3 日。

◇ 操作方法

夜审前需要再次使用批量抛账将 3 位客人的晚餐抛账到各自房账上。

再次夜审前，因与上一次夜审时间间隔短，系统会自动弹出确定要进行下一次夜审确认框，选择【是(Yes)】按钮，进行二次夜审。

 分析思考

分别查看李志华和李明、张毅的账单，他们的账单是否有发生变化？为什么？

任务情境 11：

第三天(1 月 3 日)早上 3 人在餐厅用完早餐后(早餐费用包含在房费内，不用再抛账)，学生李明又在餐厅购买 3 份小零点，每份 38 元，抛账在学生房账上。（采用 Billing 中 Posting 操作）。

◇ 操作方法

详见工作任务 1101 中的任务情境 7 操作程序。

任务情境 12：

请将 1 月 3 日的午餐和晚餐分别抛账到各自房账上。3 日晚上李教授和学生一起完成了调查报告，为庆祝这次考察圆满结束，晚上 10 点后他们来到酒店餐厅用餐消费 500 元，请抛账到李教授的房账上。

◇ 操作方法

1 月 3 日的午餐和晚餐、宵夜抛账既可以采取批量抛账(Batch Posting)，也可以通过手动抛账(Manual Posting)，还可以通过账单中抛账操作完成，详见工作任务 1101 中的任务情境 3、5、7 的操作步骤。

任务情境 13：

晚上李教授与学生 3 人每人洗衣服务费用为 128 元，请抛账到各自房账上。

◇ 操作方法

建议采取批量抛账(Batch Posting)，抛账效率更快。

任务情境 14：

再次进行夜审操作，夜审完成后打开 PMS 系统，系统日期显示当日为 1 月 4 日。

任务情境 15：

第四天(1 月 4 日)早上 3 人在餐厅用完早餐后，3 人来到前台结账，所有费用由李教授支付，请将学生的费用转移至李教授一人支付，之后 3 人离开酒店。

◇ 操作方法

打开 3 位客人的账单→先选定客人李教授账单，点击【转账(Transfers)】→在【转

参考答案

账类型(Transfer Type)】对话框中选择【Transfer from Room】,【房号(Room)】选择客人李明→点击【转账(Transfer)】,弹出【Transfer from Member Selection】对话框→【消息代码(Department Codes)】选择全部(All),其他栏都选默认项→点击【确认(OK)】,李明所有消费账目转移至李志华账户上→再次点击【转账(Transfers)】→在【转账类型(Transfer Type)】对话框选择【Transfer from Room】,【房号(Room)】选择客人张毅(Zhangyi)→点击【转账(Transfer)】→【消息代码(Department Codes)】选择全部(All),其他栏都选默认项→点击【确认(OK)】,张毅所有消费项目转移至李志华账户上(见图11-6)。

选定客人李志华账单→点击【结账离店(Check Out)】→【正常结账离店(Normal Check Out)】→账单结算支付对话框【金额(Amount)】栏默认为"-1228.00"(教学PMS系统数据),表明需要退还客人押金,点击【支付(Post)】→押金退还→再次点击【结账离店(Check Out)】→【正常结账离店(Normal Check Out)】,弹出【客人王福才的账单(Wang Folio)】→点击【打印(Print)】,打印账单给客人签字→点击【确认(OK)】,完成客人提前离店操作,账单底色变为灰色,客人状态变为"Checked Out"。

同样步骤,完成客人李明和张毅的结账离店操作。

Arr.	Department	P/B	Date	Amount	Price	Quantity	Supplement	Reference	User	Time
	(1) Li -1,228.00									
	101 *Tax		01/01/10	7.00	7.00	1	02/01/10;213 Zhang, Yi		TRAINER	12:02:18
	100 *Room Charge		01/01/10	70.00	70.00	1	03/01/10;213 Zhang, Yi		TRAINER	12:02:18
	101 *Tax		01/01/10	7.00	7.00	1	03/01/10;213 Zhang, Yi		TRAINER	12:02:18
	901 Check		01/01/10	-3,000.00	-3,000.00	1		123456	TRAINER	12:08:39
	610 Laundry		01/01/10	120.00	120.00	1			TRAINER	12:28:57
	610 Laundry		01/01/10	12.00	12.00	1	213 Li, Ming		TRAINER	12:29:17
	610 Laundry		01/01/10	120.00	120.00	1	213 Zhang, Yi		TRAINER	12:29:34
	610 Laundry		01/01/10	108.00	108.00	1	213 Li, Ming		TRAINER	09:38:52
	200 Breakfast		01/01/10	152.00	38.00	4	小零点;213 Li, Ming		TRAINER	09:41:02
	220 Cafe Jardin		02/01/10	98.00	98.00	1	午餐		TRAINER	10:10:51
	210 Golden Nugget		02/01/10	98.00	98.00	1	午餐;213 Li, Ming		TRAINER	10:11:25
	210 Golden Nugget		02/01/10	98.00	98.00	1	午餐;213 Zhang, Yi		TRAINER	10:11:25
	210 Golden Nugget		02/01/10	98.00	98.00	1	晚餐;213 Li, Ming		TRAINER	10:11:53
	210 Golden Nugget		02/01/10	98.00	98.00	1	晚餐;213 Zhang, Yi		TRAINER	10:11:53
	210 Golden Nugget		02/01/10	98.00	98.00	1	晚餐		TRAINER	10:12:23
	900 Cash		02/01/10	-2,000.00	-2,000.00	1	补交押金;213 Li, Ming		TRAINER	10:35:48
	200 Breakfast		03/01/10	114.00	38.00	3	小零点;213 Li, Ming		TRAINER	10:44:57
	210 Golden Nugget		03/01/10	98.00	98.00	1	午餐;213 Li, Ming		TRAINER	10:51:27
	210 Golden Nugget		03/01/10	98.00	98.00	1	午餐;213 Li, Ming		TRAINER	10:51:46
	210 Golden Nugget		03/01/10	98.00	98.00	1	午餐;213 Zhang, Yi		TRAINER	10:52:15
	210 Golden Nugget		03/01/10	98.00	98.00	1	晚餐;213 Zhang, Yi		TRAINER	10:52:31
	210 Golden Nugget		03/01/10	98.00	98.00	1	3日午餐		TRAINER	10:52:58
	210 Golden Nugget		03/01/10	98.00	98.00	1	3日晚餐		TRAINER	10:53:17
	210 Golden Nugget		03/01/10	500.00	500.00	1	晚上用餐		TRAINER	10:54:00
	600 Miscellaneous		03/01/10	128.00	128.00	1	3日洗衣费		TRAINER	10:55:53
	600 Miscellaneous		03/01/10	128.00	128.00	1	3日洗衣费;213 Li, Ming		TRAINER	10:55:53
	600 Miscellaneous		03/01/10	128.00	128.00	1	3日洗衣费;213 Zhang, Yi		TRAINER	10:55:53

图11-6　客人李志华消费账单

分析思考

1. 离店时使用的是什么功能办理?这个功能与王教授办理离店时有什么区别?

2. 关闭收银账户,并于财务部完成交接事宜。共需交纳人民币现金多少元?人民币支票多少元?

> 工作任务 1102：生成收入统计报表

任务情境：

请生成财务报表中的收入统计报表(生成时，所有选项均接受默认选项即可)，并提交作业。

◇ **操作方法**

详细步骤参考实训 2 中的工作任务 204，注意报表类型和格式的选择，生成入账总结报表。

点击【Miscellaneous】→【Reports】→在右上角报表类型选择区选择"Financial"(财务报表)，左边报表选择区选择"1 Posting Summary Report"→报表生成类型中选择"Export"(输出)→在报表输出格式中选择"Excel Files"(Excel 文件格式)和存储文件的地址和文件名(如学号＋姓名＋抛账总结报表)→点击下方【Print】按钮→弹出【Selection Parameters for Posting Summary Report】对话框，【Date from】【Date to】等均接受默认选项→点击【OK】→使用 Excel 打开你生成的报表来审阅和分析，在你确认你的作业无误之后，接下来，你可以把生成的文件上传交作业了。

课堂讨论

Jack 需要赔偿吗？

五、实训考核与评分

(一)考核项目

1. 掌握固定费用的处理办法；
2. 选择正确合适的抛账方式提高操作效率；
3. 正确区分临时付账、提前付账与结账离店，包括正常离店、提前离店操作。

(二)实训评分(见表 11-1)

表 11-1 实训评分

序号	评价类型	评价内容	分值	评分
1	过程评价(50 分)	参与讨论	10	
2		工作数量	10	
3		工作质量	10	
4		对外沟通	10	
5		团结协作	10	
6	结果评价(50 分)	能独立完成固定费用操作	5	
7		熟练掌握账单下的抛账、手动抛账、批量抛账操作	15	
8		正确使用提前付账与结账离店操作	15	
9		快速完成夜审操作	10	
10		正确生成收银报表	5	
		合计	100	

六、实训小结

七、实训拓展

工作任务：抛账与付账

1. 晚上 8 点 40 分，103 房的客人张雪来到前台要求用现金把所有的费用结算，因为明天一早客人要赶飞机。请按照题目要求将信息录入 PMS 系统。

关键步骤操作提示：

使用提前付账（Advance Bill）完成：打开张雪的账单→点击右下角【结算（Settlement）】→选择【提前付账（Advance Bill）】，后续步骤按照提示完成。

2. 客人王敏夫妻入住酒店 2 晚（1 月 1 日—3 日），由于带小孩，要求加床一张，费用每天 100 元。请按照题目要求将信息录入 PMS 系统。

关键步骤操作提示：

使用固定费用（Fixed Charges）完成：选定王敏客人账单→点击【选项（Options）】→【固定费用（Fixed Charges）】→【新建（New）】，后续步骤按照提示完成。

实训 12
夜审与客房管理

酒店审计,也称为夜间审计、夜班审计、夜间稽核,简称"夜审"(Night Audit)。夜审意味着结束酒店一个营业日,开启下一个营业日。夜审的作用是在一个营业日结束时,对当天各营业点的所有数据,包括订单、交易等进行核对、统计、汇总,生成夜审报表,备份数据,跳转经营日期。夜审的目的是更新当天的账目,并使用标准的前台会计系统,将应收客人费用与部门收入对照核查。

夜审工作一般由财务部人员(强调夜审工作的财务职能),或总台接待人员(强调房态管理职能)担任,也有的酒店安排计算机部门员工担任。使用 Sinfonia PMS 的大部分高星级酒店,一般由前台值班经理级以上人员负责夜审。

不同酒店的夜审工作可能稍有差异。例如,有的酒店夜审功能主要包括:核房态(检查是否有宾客续房)、核房价(检查房价是否正确)、过房租(收取当日的房租)、夜审(开始备份数据、优化系统、跳转营业日期)等。管理操作主要有:对当天前台已售房的房费进行自动入账;对当天酒店产生的营业收入进入日结处理,跳转经营日期;对所有经营收入进行账务审核;自动生成经营收入各项报告;自动备份经营数据。

Sinfonia PMS 客房管理模块可以实时跟踪酒店客房的状态。客房的状态包括脏房、清洁房、维修房、暂时停用房、空房、锁房等。同时,该模块可以帮助管理客房清洁任务的分配、客房人员用工统计及客房耗品管理等。差异房功能让酒店及时掌握前台与客房的房态差异,以便及时进行调整。

本实训任务主要是模拟完成夜审、房态维护、差异房设置等操作,领会前台与客房部的即时交流、随时更新房态信息,既可保证酒店最大限度地获取客房收入的能力,同时也缩短了客人入住前的等待时间。

一、实训目标

1. 理解夜审对酒店的重要作用,熟知夜审的主要内容和步骤;
2. 掌握客房部日常工作和房态转换的关系;
3. 理解差异房功能及差异产生的原因;
4. 利用 Sinfonia 系统,完成酒店夜审操作;
5. 利用 Sinfonia 系统,有效管理酒店客房及进行酒店房态修改、差异房设置操作。

二、实训内容

工作任务 1201：客房管理与房态转化
工作任务 1202：打印客房报表

三、实训课时

2 学时。

四、实训步骤和方法

> 工作任务 1201：客房管理与房态转化

任务情境 1：

办理散客诸葛良（ZhuGe Liang）先生的预订，客人电话为 15006001888，入住时间为 2010 年 1 月 1 日—3 日，房型为豪华大床房 DKN，价格代码为 RACKFC，支付方式为现金。客人备注：周郎妙计安天下，赔了布草和毛巾。

◎ 操作方法

点击【新建预订（New Reservation）】或者直接按快捷键"Ctrl＋N"→在【新建预订（New Reservation）】对话框中【Guest Name】输入"ZhuGe"，回车键确认进入新建预订信息录入界面，按图 12-1 在相应栏目输入信息→点击【More Fields】选项卡，在【Remarks】栏中输入"周郎妙计安天下，赔了布草和毛巾"（见图 12-2）→全部信息输入完后，点击【确认（OK）】完成预订信息录入，弹出预订成功提示框，显示客人的预订号码。

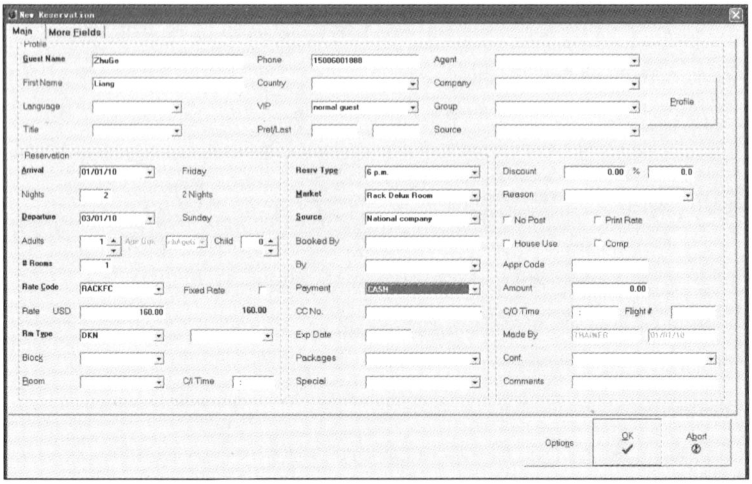

图 12-1　诸葛良预订信息录入对话框

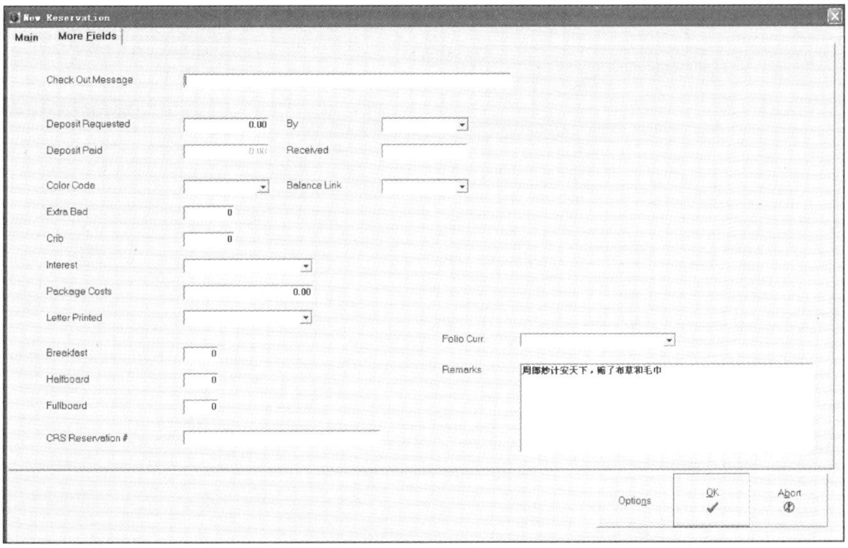

图 12-2 诸葛良"More Fields"信息录入对话框

任务情境 2：

使用"Ctrl＋F"(Floor Plan)快捷键后点击【All Rooms】查看共有几间豪华大床房(DKN)？其中，VC 房(Vacant and Clean)几间？VD 房(Vacant and Dirty)几间？OD 房(Occupied and Dirty)几间？CL/EXP 房(Clean and Expected)几间？

◇ 操作方法

使用快捷键"Ctrl＋F"(Floor Plan)后点击【All Rooms】按钮，弹出全部房间房态示意图(见图 12-3)。在右下角点击【Room Type】按钮，在弹出【Selected Room Types】对话框中选择"DKN"(Deluxe King)，点击【OK】按钮，显示全部 DKN 房态示意图(见图 12-4)，查看共有 20 间 DKN 豪华大床房，其中，VC 房(Vacant and Clean)13 间，VD 房(Vacant and Dirty)1 间，OD 房(Occupied and Dirty)5 间，CL/EXP 房(Clean and Expected)1 间。

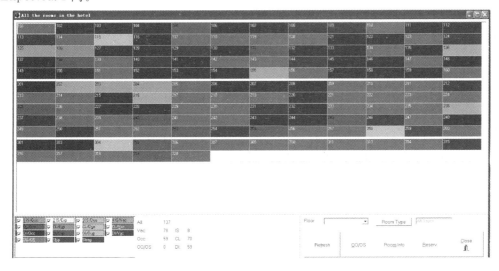

图 12-3 全部房间房态示意图

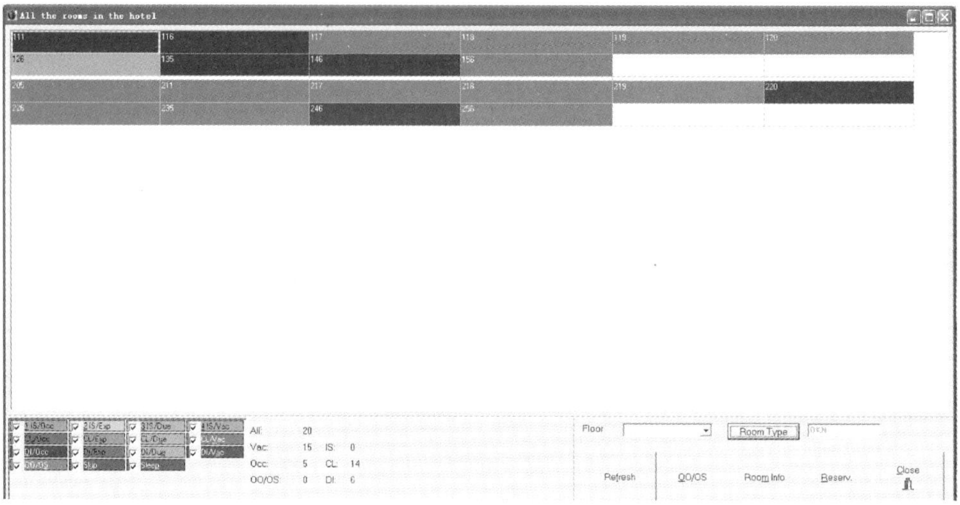

图 12-4 DKN 房态示意图

PMS 系统中常见房态

空净房(VC)：Vacant and Clean。干净的空房，可以出租给客人。

占用净房(OC)：Occupied and Clean。干净的占用房，一般表示刚入住的客房。

占用脏房(OD)：Occupied and Dirty。脏的占用房。

空脏房(VD)：Vacant and Dirty。脏的空房，即走客房还未清洁。

故障房(OO)：Out of Order。饭店里的房间如果由于某些设施、设备出现故障，需要一段时间去修理的话，则此间房间要封为大修房。大修房在 PMS 中是不能出售给客人的，因此大修房在统计酒店出租率时，是不计算在酒店的实际销售客房总数中的。

小修房(OS)：Out of Service。如果饭店里的房间只是有一些很小的故障，只需要简单整理就可以再卖给客人的话，则此房间称为小修房。

知识链接

客房维修设置

任务情境 3：

由于诸葛良需要预订本房型最高楼层最大房号数的房间，应客人要求为其分配房间（采用更新预订的功能进行修改），修改之后使用"Ctrl＋F"（Floor Plan）快捷键后点击所有房间查看该房间当前房态是什么？

◇ 操作方法

点击【Reservations】按钮→【Update Reservations】按钮，在【Guest Name】输入"ZhuGe"→点击【Search】按钮→选择【Edit】，进入修改预订界面→点击【Room】栏的下拉菜单，在弹出的对话框点击【Search】按钮，如图 12-5 所示。选择 256 房，点击【Select】按钮，弹出确认对话框→点击【Yes】按钮，完成诸葛良房间预排，结果如图 12-6 所示，点击【OK】按钮完成分房。

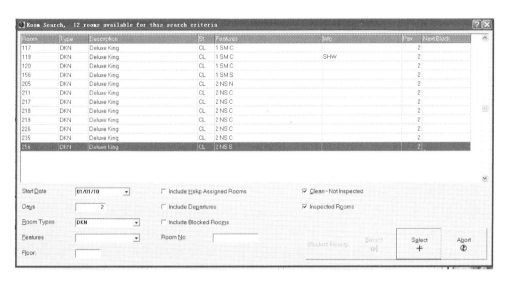

图 12-5　给诸葛良分配房间

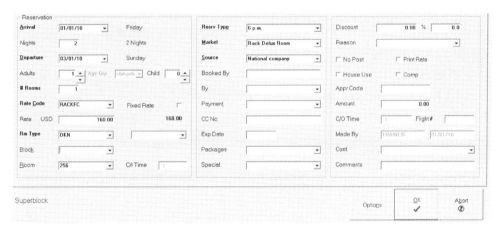

图 12-6　诸葛良预分配房间完成

分配房间后按住"Ctrl+F"(Floor Plan)快捷键,点击【All Rooms】显示所有房间状态表,查看 256 房间当前房态为 CL/EXP(Clean and Expected)。

任务情境 4:

前台员工孙册为诸葛良办理入住手续。请注意:在办理时将客人直接分配至 256 房,入住后使用"Ctrl+F"(Floor Plan)快捷键后点击【All Rooms】显示所有房间状态表,查看 256 房间当前房态应该为什么?

◇ **操作方法**

点击【Front Desk】下的【Arrivals】功能键→在【Guest Name】栏输入"ZhuGe",在【First Name】栏中输入"Liang"→找到诸葛良的预订,点击【Check In】按钮,弹出房间预分配确认对话框(见图 12-7)→选择【Yes】按钮,后续对话框都选择确认,直至弹出入住成功对话框。

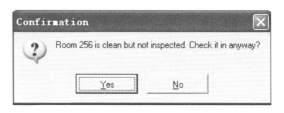

图 12-7 房间预分配确认

入住成功后按住"Ctrl+F"(Floor Plan)快捷键,点击【All Rooms】显示所有房间状态表,查看 256 房当前房态为 OC(Occupied and Clean)。

任务情境 5:

由于前台员工办理入住时操作失误,误将 259 房的房卡发给诸葛良,在礼宾部员工带领下错误入住 259 房。(注意:PMS 系统里客人登记入住 256 房)

Housekeeping 客房部员工卢速在晚上开夜床时发现 256 房间无行李,故使用 Discrepant Rooms 修改 256 房态 Housekeeping Status=Vacant;而夜班员工在晚间查房时,又发现 259 房间住有客人,故使用 Discrepant Rooms 修改 259 Housekeeping Status=Occupied;(实际工作中,该修改的完成可能通过电话等多种方式完成);使用"Ctrl+F"(Floor Plan)快捷键后点击【All Rooms】显示所有房间状态表,查看 256、259 房间当前房态分别为什么?

◇ **操作方法**

点击【客房管理(Rooms Management)】菜单栏下的【Housekeeping】子菜单,弹出【Housekeeping】对话框(见图 12-8)。

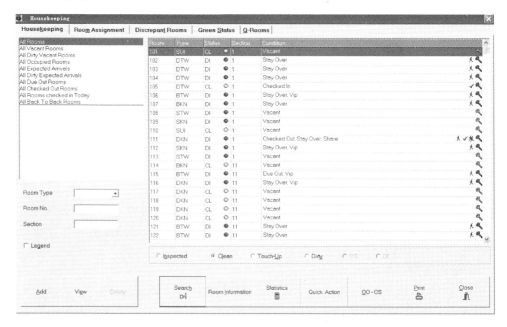

图 12-8 房态管理对话框

选择【Discrepant Rooms】选项卡,显示【Discrepant Rooms】对话框→在左上"Show"一栏中选择"All rooms",之后在右边找到 256 房,在【Hsk Status】栏里将房态修改为

"VAC"(见图 12-9),256 房就设置为 Skip 房。同理,选择 259 房后在【Hsk Status】栏里将房态修改为 OCC,259 房就设置为 Sleep 房。

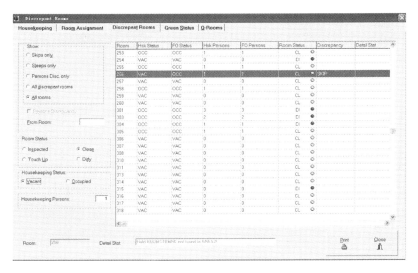

图 12-9　差异房对话框

使用"Ctrl+F"(Floor Plan)快捷键后点击【All Rooms】显示所有房间状态表,查看 256、259 房间当前房态分别为"Skip""Sleep"。

任务情境 6：

大堂副理邹钰在收到 Housekeeping 电话后查询系统,使用【Discrepant Rooms】功能得到差异房态表,并前往客房进行问题的审核。

◇ **操作方法**

256 房、259 房全部设置完后,在【Discrepant Rooms】对话框中左上角"Show"一栏中选择"All discrepant rooms",显示出全部差异房(见图 12-10),点击【Print】按钮打印所有的差异房(见图 12-11)。

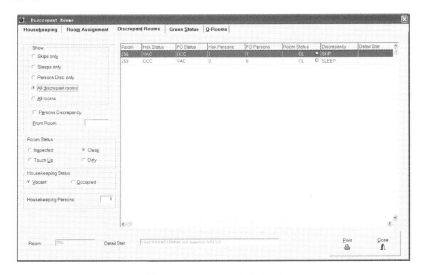

图 12-10　显示所有差异房

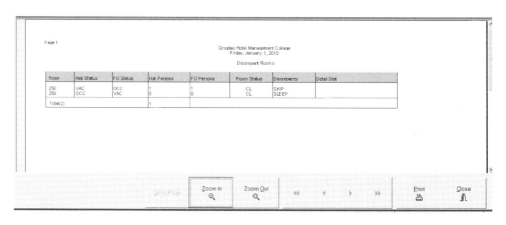

图 12-11　打印差异房报表

任务情境 7：

查清问题原因并在征得客人同意后，邹钰使用更换房间功能将客人房间更改至 259（注意：在选择是否将 256 房的房态改为"Dirty"时选择"否"，想想为什么要这样做），使用"Ctrl＋F"（Floor Plan）快捷键后点击【All Rooms】显示所有房间状态表，注意 259、256 房间当前房态分别是什么？

◇ 操作方法

点击【Front Desk】主功能键→【In-House Guests】按键→在【In-House Guests Search】对话框中【Room NO.】栏输入"256"，或者在【Name】栏中输入"ZhuGe"，系统弹出 256 客房的【In House】对话框→点击【Room Move】按钮，进入换房操作对话框（见图 12-12）→点击【Room No.】下拉菜单，搜索 259 房→【Reasons】栏根据实际情况选择，这里最合适的选择是"Upgrade"→点击【Yes】按钮确认换房，原来安排的 256 房的房态改为"Dirty"时对话框选择【No】按钮，完成换房操作。

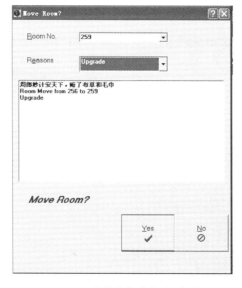

图 12-12　诸葛良换房操作对话框

使用"Ctrl+F"(Floor Plan)快捷键后点击【All Rooms】显示所有房间状态表,根据图例查看出259、256房间当前房态分别是"OC""VC"。

任务情境8：

进行夜审操作。

◇ 操作方法

退出Sinfonia主程序→进入夜审登录对话框,输入用户名和密码后点击【Start】按钮开始夜审→在弹出的【Arrivals Not Yet Checked In】对话框中点击【Continue】按钮→在弹出的【Departures Not Checked Out】对话框中点击【Continue】按钮→其他对话框都选择默认框→在弹出的【Close Cashiers】对话框中选择【Auto Close】→最后夜审完成后,系统弹出夜审成功提醒对话框,点击【Yes】完成夜审,系统递进到1月2日。

> **知识活页**
>
> 夜审的目的是结束一天的工作,包括完成会计科目汇总、检查数据、整理文件、更新系统内部数据。在夜审期间,系统会自动控制和产生最后一次必要的过账,自动统计数据和打印报表,并删除旧的数据。
>
> 使用夜审模块,酒店可以取消夜审员工每晚审核酒店收入的工作。酒店可以选择在任何时间进行"收入审计",并随时对某个工作日的营业收入做调整,即便对于夜审的营业收入账目的审计也可如此。当然,一旦完成了某日的收入审计,收入额就被锁定,这就保证了酒店的报表的准确性。因此使用夜审模块,可以在没有财务员工监管的情况下直接进行,从而可以使酒店实现岗位精简、降低营业成本的目的。

任务情境9：

使用"Ctrl+F"(Floor Plan)快捷键后点击【All Rooms】显示所有房间状态表,查看259房间当前房态。

◇ 操作方法

登录Sinfonia主程序,使用"Ctrl+F"(Floor Plan)快捷键后点击【All Rooms】,查看259房间当前房态为OD。

注意：夜审成功后所有住客房的房态自动转变为OD(占用脏房)。

任务情境10：

客房部员工打扫诸葛良房间后并检查完成之后,使用Housekeeping功能将房间状态修改为清洁(Clean)。客房主管接到客房服务中心的通知后,前往诸葛良259房查房,检查合格后将房间状态修改为已查房(Inspected)。

◇ 操作方法

点击【Rooms Management】→【Housekeeping】子菜单,弹出【Housekeeping】→在右侧房间列表中找到259房,将房态先改为"Clean"后经主管检查合格后改为"Inspected",改完后259房房态标示为绿色(见图12-13)。

行业案例

夜审入错房费,谁的责任

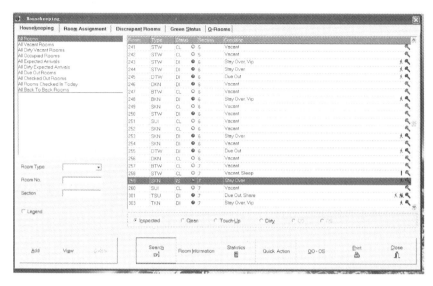

图 12-13 诸葛良房态修改结果

任务情境 11：
诸葛良要求酒店提供毛巾和布草各 99 套，使用【Green Status】功能完成该操作。
◇ 操作方法
点击【Green Status】选项卡，在【Linen】和【Towels】栏中都输入"99"，如图 12-14 所示。

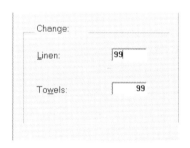

图 12-14 诸葛良房间增添毛巾和布草设置

分析思考

再次进行夜审操作，登录 PMS 后查看 259 房的房态是什么？

任务情境 12：
为诸葛良办理结账离店手续。
◇ 操作方法
参照前文的结账离店办理流程。

分析思考

查看 259 房的房态是什么？Housekeeping 后将 259 房更改房态为 VC（Vacant Clean）。

知识活页

客房房态维护流程如图12-15所示。

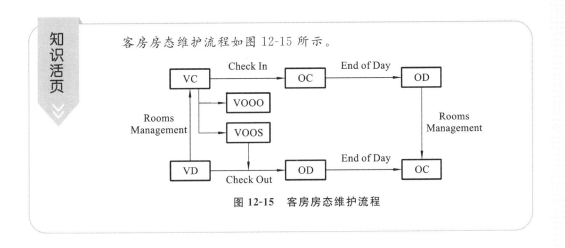

图 12-15　客房房态维护流程

➢ 工作任务 1202：打印客房报表

任务情境：

生成 Statistic 中的 Room Statistics（TOP Rooms/MTD）报表，并提交作业。

◇ **操作方法**

点击【Miscellaneous】→【Reports】，右上角【Sections】中选择"Statistics"→左边报表类型选择 4 Room statistics（TOP rooms/MTD）→选择 Export 导出的格式和存储文件的地址和文件名→最后点击【Print】按钮→在弹出的【Room】框中输入"259"，就生成出 259 客房的客房收入统计报表（见图 12-16）。

注意：若不输入"259"，则生成所有房间的客房收入统计报表。

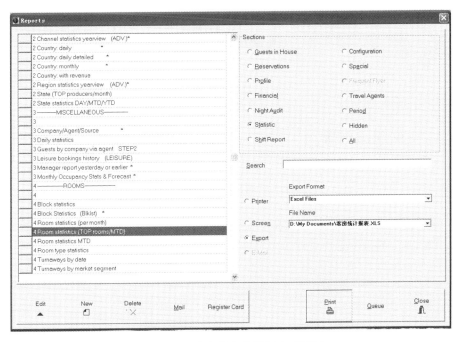

图 12-16　客房收入统计报表对话框

知识活页

夜审主要是做房费及其他固定费用的过账、自动进行房费等固定费用的增加、改变房态、核对当天的现金收入和支票收入、对各种数据进行统计（包括预计离店的客人信息、一天的营业情况、当日的营业收入、客人的各项缴款明细、客房的出租率、客人所缴纳的定金）、检查费用收支情况、打印催账单、处理跑单等。夜审的数据流程图如图12-17所示。

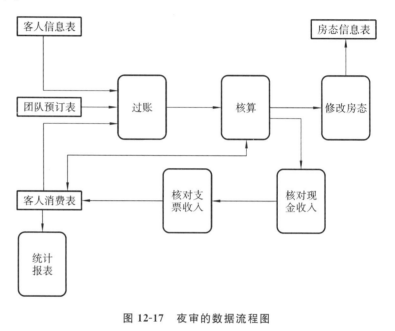

图 12-17　夜审的数据流程图

五、实训考核与评分

（一）考核项目

1. 完成夜审操作，理解夜审对酒店的重要作用；
2. 结合客房部日常工作进行房态转换；
3. 设置差异房，了解差异产生的原因；
4. 熟练掌握客房的几种房态及其转换。

（二）实训评分（见表 12-1）

表 12-1 实训评分

序号	评价类型	评价内容	分值	评分
1	过程评价（50 分）	参与讨论	10	
2		工作数量	10	
3		工作质量	10	
4		对外沟通	10	
5		团结协作	10	
6	结果评价（50 分）	快速、准确完成夜审	15	
7		查看房态与修改房态	15	
8		设置、显示差异房	10	
9		客房收入统计报表全面正确	10	
		合计	100	

六、实训小结

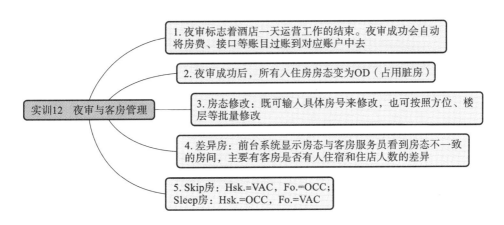

七、实训拓展

工作任务：夜审与客房管理

1. 201 房客人李龙反馈房间淋浴间水龙头晚上有滴水声，影响睡眠，需要为其换同类型房，客房部员工将 201 房设为 OS（Out of Service）房。同时，打扫卫生时发现 203 房空调不制冷，将 203 房设为 OO（Out of Order）房。请按照要求将信息录入 PMS 系统。

关键步骤操作提示：

【客房管理(Rooms Management)】→【维修房(Out of Order/ Service)】，弹出大修房/小修房操作对话框→【新建(New)】，弹出新建维修房对话框(见图 12-18)→输入房号【From Room】和【To Room】，在【Date】和【To Date】中设置时间，在【维修状态(Status)】中选择"Out of Service"，在【原因(Reason)】中输入"No Water"→确认无误后点击【确定(OK)】完成维修房的设置。

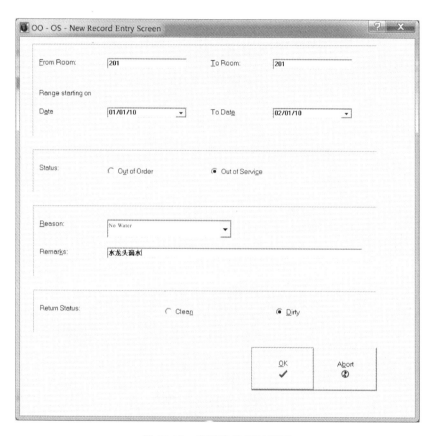

图 12-18　新建维修房对话框

2. 客房部员工小王今天将 201—210 房全部打扫干净，请快速将房态信息录入 PMS 系统。

关键步骤操作提示：

【客房管理(Rooms Management)】→【房务清扫(Housekeeping)】→【快速操作(Quick Action)】，弹出快速修改房态操作对话框(见图 12-19)→输入起止房号【From Room】和【To Room】→【Change to Status】→选择干净(Clean)→点击【确认(OK)】，完成房态的修改。

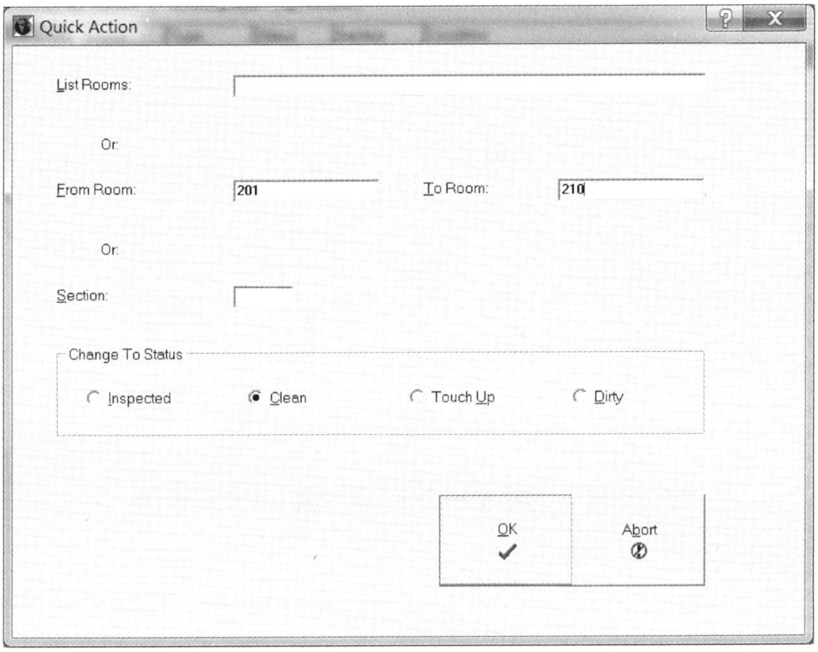

图 12-19　快速修改房态操作对话框

附　　录

附录 1　实训项目与课时安排表

序号	实训项目名称	建议学时
1	实训前导　认知酒店管理信息系统	2
2	实训 1　Sinfonia PMS 系统概览	2
3	实训 2　档案管理	2
4	实训 3　散客预订	4
5	实训 4　散客预订进阶	2
6	实训 5　预订中费用的处理	2
7	实训 6　团队预订	4
8	实训 7　接待入住	2
9	实训 8　在店客人	4
10	实训 9　收银与结账离店	4
11	实训 10　转账与结账离店	2
12	实训 11　高效抛账与付账操作	2
13	实训 12　夜审与客房管理	2
14	复习与训练	2
	合计	36

附录 2 《酒店信息系统实训》实训项目设计表

序号	学习情境	实训项目	任务描述	工作目标	学时	实施要点
1	接触酒店前台管理系统	实训前导知酒店管理信息系统	1. 了解常见国内外酒店信息系统； 2. 获取酒店信息系统的资料； 3. 了解酒店信息系统常用接口系统及外接设备； 4. 理解信息化对工作效率、成本控制等内容的影响	1. 深刻理解酒店信息系统的定义和分类； 2. 熟悉常见国内外酒店信息系统； 3. 学会获取各种酒店信息系统相关资料的方法； 4. 理解信息系统对行业的作用	2	任务驱动法、翻转课堂
		实训 1 Sinfonia PMS 系统概览	1. PMS 启动、自检、登录与退出； 2. PMS 界面概览； 3. PMS 系统日期与实际日期； 4. 用户权限与功能； 5. PMS 快捷键调用	1. 熟悉 Sinfonia 系统的启动、自检、登录、注销和退出操作； 2. 熟悉 Sinfonia 系统的主界面、功能区域的划分及操作方法； 3. 深刻理解 PMS 系统日期与实际日期的关系及其与酒店经营的关系； 4. 深刻理解 PMS 快捷键的作用及其与酒店服务和酒店管理的关系	2	任务驱动法、学做合一、实训练习
2	管理档案	实训 2 档案管理	1. Sinfonia 系统中英文支持区别； 2. 个人档案的新建、查找、修改、删除、合并； 3. 其他类型档案的新建与编辑； 4. 生成档案报表	1. 了解 Sinfonia 系统中英文支持的区别； 2. 档案的分类：个人、公司、旅行社、预订代理、团队； 3. 熟练掌握档案的新建、查找、修改操作，了解档案的删除、合并操作； 4. 深刻理解档案与预订、个性化服务的关系	2	任务驱动法、演示与学做合一

续表

序号	学习情境	实训项目	任务描述	工作目标	学时	实施要点
3	办理预订	实训3 散客预订	1. 散客预订； 2. 协议客人预订； 3. 预订中的中英文原则； 4. 个性化要求预订； 5. 生成预订报表	1. 理解预订与个人档案的关系； 2. 掌握散客预订价格的确定方法； 3. 掌握协议客人预订操作，理解档案中合同费率与价格代码之间的关系； 4. 熟悉预订与客人状态之间的关系，了解客人初始状态——预期到达	4	任务驱动法、演示与学做合一
		实训4 散客预订进阶	1. 多人预订、多次预订和客户识别； 2. 预订和客户关系错误的补救； 3. 预订修改、取消和激活、预订删除与客人状态； 4. 生成预订报表	1. 熟练掌握考虑客史档案情况下预订操作，深入理解预订与档案之间的关系； 2. 熟悉预订修改、预订取消、预订激活的操作； 3. 深入理解预订生成、预订修改、预订取消与预订状态变化的关系	2	任务驱动法、演示与学做合一
		实训5 预订中费用的处理	1. 预订过程中的分账操作； 2. 拼房和陪同； 3. 收取预订保证金	1. 熟练掌握预订过程中费用的处理； 2. 理解拼房和陪同的差异及其费用处理； 3. 熟练掌握保证类类预订操作及预订保证金处理	2	任务驱动法、演示与学做合一
		实训6 团队预订	1. 散客成团预订； 2. 标准团队预订； 3. 配额团队预订	1. 理解散客成团、标准团队和配额团队预订的异同； 2. 会根据客人要求完成不同类型的团队预订	4	任务驱动法、演示与学做合一

续表

序号	学习情境	实训项目	任务描述	工作目标	学时	实施要点
4	接待与入住	实训7 接待入住	1. 基本入住（预订日入住、提前入住、无预订入住）； 2. 房间的分配与选择； 3. 打印在店客人名单报表	1. 熟练掌握基本入住的操作，深入理解入住与预订的关系； 2. 熟悉入住时房间分配（派房）的基本方法； 3. 了解常用支付方式； 4. 熟悉前台常用报表和表格	2	任务驱动法、演示与学做合一
		实训8 在店客人	1. 取消入住和换房； 2. 固定费用与分账操作； 3. PMS系统信息传递； 4. 生成客房部报表	1. 熟练使用在店客人查询、取消入住和换房操作； 2. 熟练固定费用的设置和同一客房、不同客房之间分账操作； 3. 理解客人状态和客房状态的转化流程； 4. 运用PMS系统进行消息传递，了解各种消息传递方式的异同	4	任务驱动法、演示与学做合一
5	账务处理与收银	实训9 收银与结账离店	1. 账户的基本知识； 2. 抛账对象的查找与抛账； 3. 预订保证金入住押金的收取； 4. 离店操作的正常结账离店、提前离店	1. 熟练掌握员工账户的登录与关闭； 2. 会完成账户的查找、抛账、账目修改与冲减； 3. 掌握分账和收取押金的操作； 4. 会办理正常结账离店操作	4	任务驱动法、演示与学做合一

续表

序号	学习情境	实训项目	任务描述	工作目标	学时	实施要点
5	账务处理与收银	实训10 转账与结账离店	1. 单客人账户操作； 2. 多客人账户操作； 3. 生成收入统计报表	1. 掌握单客人账户操作中的同一客人分账、同一账目转移、账目调整和劈账； 2. 熟练操作多客人账户操作中的异客人账分账和异账目拋账、账目修改、账目调整； 3. 掌握历史账单的查询； 4. 掌握收入报表的生成及报表的结构	2	任务驱动法、演示与学做合一
		实训11 高效拋账、提前付账操作	1. 高效拋账、提前付账与结账离店； 2. 夜审操作； 3. 生成收入统计报表	1. 掌握每日固定费用的处理办法； 2. 熟练掌握快速拋账，批量拋账的拋账方式，能够选择正确、合适的拋账操作，提高效率； 3. 正确区分临时付账、提前付账与结账离店，包括正常离店、提前离店结账方式并能熟练掌握操作	2	任务驱动法、演示与学做合一
6	房管管理与夜审	实训12 夜审与房房管理	1. 完成客房房管理与房态转化； 2. 生成客房统计等相关报表	1. 理解夜审对酒店的重要作用、了解夜审的主要内容和步骤； 2. 掌握客房部日常工作和房态转换的关系； 3. 深入理解房房的功能及转换； 4. 了解差异房产生的原因及差异报表	2	任务驱动法、演示与学做合一
7		复习与训练			2	
			合计		36	

备注：根据专业（专业方向）性质，教学内容可以选择部分或全部工作内容。

附录3　Sinfonia 常用功能键中英文对照

New Reservation 新建预订

1. Reservations — 预订
    New Reservation — 新建预订
    Update Reservations — 更新预订
    Groups — 团队预订
    Waitlist — 等候名单
    Profiles — （客户）档案
    Events — 事件、会议
2. New Reservation — 新建预订界面显示信息
3. Arrival — 到店日期
4. Nights — （入住）天数/几晚
5. Departure — 离店日期
6. Adults — 成人
7. Child — 小孩
8. ♯ Rooms — （预订）房间数
9. Room Type — 客人实际入住的房型
10. RTC：Room Type Charge — 最初预订的房型
11. Room No. — 房号
12. Rate Code — 价格代码
13. Rate — 价格
14. Fixed Rate — 固定房费
15. Block Code — 团队代码
16. C/I Time — 办理登记时间
17. Resrv Type — 预订类型
18. Market — 市场代码
19. Source — 客源
20. Booked by — 预订人
21. by — 预订方式（电话、传真、信函等）
22. Payment — 付款方式
23. Credit Card No. — 信用卡卡号
24. Exp. Date — 信用卡有效期
25. Packages — 包价
26. Specials — 特殊要求/喜好

27.	Discount	折扣比例/数额
28.	Reason	折扣原因
29.	No Post(☑)	不可签单
30.	Approval Code	授权号
31.	Approval Amount	授权金额
32.	C/O time	结账离店时间
33.	Flight	航班号
34.	Conf. (Confirmation)	确认信
35.	Comments	备注(通常为付款方式)
36.	Option	选项
37.	Routing	分账
38.	Auth. Direct Bill	授权挂账/签单
39.	Registration Card	打印客人住宿登记单(RC单)
40.	Room Move	换房间
41.	Reinstate	取消离店
42.	Fixed Charge	固定费用(如加床费)
43.	Virtual Number	虚拟电话号码或传真
44.	Package Options	查看已经产生折扣的包价项目列表
45.	Accompanying	随行人员
46.	Delete	删除预订
47.	Regrets	遗憾、抱歉
48.	Rate Info.	查询房费明细
49.	Changes	查询员工所有工作记录
50.	Messages	留言
51.	Add On	复制预订
52.	Locator	客人某一段时间的去向
53.	Pre-Billing	预付定金
54.	Shares	合住预订
55.	History	查询客人以往的住店情况及消费情况
56.	Party	散客小团队
57.	Meal Plan	用餐计划
58.	Free Night Awards	免费入住天数奖励
59.	Guests Awards	客人奖励
60.	More Fields	预订附加信息
61.	Check Out Message	退房信息
62.	Deposit Request/by	要求交纳的预付押金
63.	Deposit Paid/Received	已支付的预付押金/实收押金
64.	Color Code	颜色代码
65.	Print Rate(☑)	打印账单时显示房价

66.	Balance Link	账户余额链接
67.	Extra Bed	加床
68.	Package Costs	包价费用
69.	Crib	（有栏杆的）儿童床
70.	Breakfast	早餐
71.	Half Board	半食宿（含早餐和正餐）
72.	Full Board	含三餐
73.	Interest	客人兴趣或爱好
74.	CRS Reservation＃:	中央预订系统编号

Groups 团队

1.	Groups	团队预订界面所显示信息
2.	Standard Group Module	标准团队预订
3.	Block Search	从指定的字母开始搜索
4.	Date	团队停留的日期
5.	First Arrival	团队抵达日
6.	Trace Date	事项跟进日期
7.	User ID	建立预订者的代码
8.	Agent	旅行社
9.	Cutoff All Blocks	所有团队释放迄今为止的所有可用房
10.	Rooming List	团队分房列表
11.	Check In Group	整团入住登记
12.	Room Assign	给团队分房
13.	Room Type Assign	自动分配某些房型给团队成员
14.	New Post Master	新建团队主账房
15.	Statistic	显示团队摘要信息
16.	Room Status	显示团队预留房的房态
17.	Print Keys	打印整个团队信息
18.	Split All	根据成员数量自动拆分团队预订，拆分后团队有了主账房
19.	Advanced Group Module/Block	高级团队预订
20.	Cutoff Date/Days	团队预订拆分的最后截止时间
21.	PAX per Room	团队每间房住几个人
22.	Channel	团队预订方式
23.	Activate Default Routing	为团队预订设置默认的分账方法
24.	Elastic Block	弹性锁房
25.	Grid.	团队预订占房表
26.	Info.	输入团队额外的信息
27.	Chg Status	改变团队状态（从 Initial 到 Open）
28.	Cutoff	手动释放团队占用的客房

29. Block Header Options	团队信息选项包含功能
30. Move Block	整团入住时间改期
31. Refresh Grid Rates	更新团队订房房价
32. Summary Info.	查看团队摘要和每天统计信息
33. Tour Series	在一定的时间间隔内复制一个团队
34. Custom Tour Series	在指定日期复制一个团队
35. Booking Position History	查询团队预订历史信息列表
36. Group Option	团队选项包含功能
37. Post Master	主账房、虚拟房
38. Share Reservation	成员合住预订
39. Group Master	主预订

Profiles（客户）档案

1. Individual	个人档案
2. Company	公司档案
3. Travel Agent	旅行社档案
4. Source	来源（订房中心）档案
5. Group Master	团队档案
6. Guest Profile	个人类型档案界面显示的信息
7. Last Name	英文姓
8. First Name	英文名
9. Alt Name；Alternate Name	别名（如中文名字）
10. Language/Title	语种/称呼
11. Address	客人地址
12. Country/State/City	国家/省、州、地区/城市（表示客人来源）
13. Postal Code	邮编
14. Telephone	联系电话
15. VIP	贵宾客人
16. Passport	护照号
17. Nationality	国籍
18. Salutation	称谓
19. Date of Birth	出生日期
20. ID Card；Identification Card	身份证号
21. Features	房间特征
22. Rate Code	价格代码
23. Pre.♯	客人喜好（指客人对楼层、吸烟/不吸烟房、朝向的要求）
24. Member♯	会员卡号
25. Mailing	邮件（如发送新年贺卡、圣诞节促销信息、新的价格信息等）
26. Interest	客人兴趣爱好

27. Folio Curr.；Folio Currency 设置客人账单或收据上使用什么币制（默认为人民币）
28. Save in History 设置是否保留该客人的档案
29. Privacy 隐私设置
30. Comments 注解
31. Remarks 备注
32. Rate Link 协议价格关联
33. Guest Info 客户信息，用于新建会员卡
34. Merge 客史合并
35. Awards 奖励
36. Delete 删除档案
37. More Fields 附加信息
38. Previous Stay Information： 以往客人入住信息
39. Statistics Summary 统计摘要
40. Future： 客人未来一段时间的订房情况
41. Company Profile 公司类型档案界面显示的信息
42. Full Name 公司全称
43. IATA Corp. ♯国际航空运输协会会员号
44. Telefax 传真
45. Ctrct. Rate；Contract Rate 合同费率
46. Acct. Contact 财务联系人
47. Inactive 无效、失效
48. Billing Instructions 账单指导
49. Travel Agent Profile 旅行社类型档案界面显示的信息
50. Contact No. 联系人编号
51. Master Account 主账户
52. Commission Code 佣金代码

Front Desk 前台接待

1. Front Desk
 Arrivals   散客分房与入住
 In-House Guests   在店客人
 Room Blocking   分房相关操作
 Message   留言、发送信息
 House Status   查看酒店所有客房的实时状态
 House Accounts   非住店客人或单独付账客人的账目操作
 Q-Rooms   客房清洁队列
2. Day Use 日用房
3. Already Checked In 已登记入住的客人
4. Mass Cancellation 批量取消预订

5. Check In　　　　　　　　　　　　　　　　　　　办理登记入住
6. Include Hskp Assigned Rooms　　　　　　　　 包括客房部已分配的客房
7. Include Departures　　　　　　　　　　　　　　包括已退房
8. Include Blocked Rooms　　　　　　　　　　　　包括已锁客房
9. Clean-Not Inspected　　　　　　　　　　　　　干净但没检查合格（的客房）
10. Inspected Rooms　　　　　　　　　　　　　　已经检查的客房
11. Cancel C/I：Cancel Check In　　　　　　　　　取消入住
12. Walk In　　　　　　　　　　　　　　　　　　 上门客入住
13. Group Room Assignment　　　　　　　　　　　团队分房
14. Check-In Group　　　　　　　　　　　　　　　团队入住
15. Room Move　　　　　　　　　　　　　　　　　换房操作
16. Free Upgrade　　　　　　　　　　　　　　　　免费升级
17. Upsell　　　　　　　　　　　　　　　　　　　付费升级
18. Billing　　　　　　　　　　　　　　　　　　　查看客人账单
19. Pre-Authorization　　　　　　　　　　　　　　预授权
20. Pre-Paid Commission　　　　　　　　　　　　 预付佣金
21. Zipped-Out　　　　　　　　　　　　　　　　　快速退房
22. Display Message　　　　　　　　　　　　　　 显示留言信息
23. Send Message　　　　　　　　　　　　　　　　发送留言
24. Received/Unreceived　　　　　　　　　　　　　留言接收到或未接收到
25. Display Traces　　　　　　　　　　　　　　　 显示工作事项跟进信息
26. Resolved/Unresolved　　　　　　　　　　　　　工作事项已处理/未处理

Cashiering 收银

1. Cashiering　　　　　　　　　　　　　　　　　 收银
　　Billings　　　　　　　　　　　　　　　　　　 账单
　　Posting　　　　　　　　　　　　　　　　　　 入账
　　Cashier Functions　　　　　　　　　　　　　　收银功能
　　Close Cashier　　　　　　　　　　　　　　　　关账
　　Passers-by　　　　　　　　　　　　　　　　　 过客
　　Quick Check Out　　　　　　　　　　　　　　 快速结账
　　Receivables：Receivable Accounts　　　　　　　应收账款
　　Travel Agent Processing　　　　　　　　　　　 旅行社财务处理
2. Cashier　　　　　　　　　　　　　　　　　　　收银员
3. Fee/Charge　　　　　　　　　　　　　　　　　 费用/收费
4. Balance　　　　　　　　　　　　　　　　　　　账户余额、结余
5. Posting　　　　　　　　　　　　　　　　　　　抛账、入账、过账、输账
6. Split　　　　　　　　　　　　　　　　　　　　 劈账
7. Adjust/Adjustment　　　　　　　　　　　　　　 账目调整/调账

8.	Transfer	转账
9.	Bill/Billing	账单/结账
10.	Transaction	账目
11.	Account	账户
12.	Folio	账页
13.	Cashbox	收银箱、钱箱、金库
14.	Amount	总金额
15.	Accounts Receivable	应收账款
16.	Aging Level	应收账龄
17.	Bank Account	银行账号
18.	Routing	分账
19.	Manual Posting	手动入账
20.	Batch Posting	批量入账
21.	Payment	付款
22.	City ledger	应收挂账
23.	Commission	佣金
24.	Pre-arrivals	预期到达客人
25.	Due In	预期抵达
26.	Due Out	预期离店
27.	Checked In	已入住
28.	Checked Out	已退房
29.	Checked Out Only	仅退房客人
30.	Overstay	延住
31.	Early Check In	提前入住
32.	Late Check Out	延迟退房
33.	In-House(Guests)	在店客人
34.	Expected Arrival(本日)	预期到店
35.	Expected Departure(本日)	预期离店
36.	Settlement/Check Out	结账/退房
37.	Early Departure	提前退房
38.	Interim Bill	中期付账、临时付账
39.	Advance Bill	提前付账
40.	Add New Window	增加窗口(在客人账单内)
41.	Add Guest View	打开另一个客人的账单
42.	Posting	入账包含的功能
43.	Manual Posting	手动入账
44.	Journal	查看入账记录
45.	Read IFC Charges	读取国际金融公司费用
46.	C/C Settlement	信用卡结算

47. Cashier Functions　　　　　　　　　　　　　　　　收银功能，包含以下功能
    Currency Exchange　　　　　　　　　　　　　　　外币兑换
    Check Exchange　　　　　　　　　　　　　　　　支票兑换
    Exchange Rates　　　　　　　　　　　　　　　　　外币汇率
    House Bank　　　　　　　　　　　　　　　　　　酒店内银行
    Folio History　　　　　　　　　　　　　　　　　查看客人账单历史
    Batch Folio　　　　　　　　　　　　　　　　　　批量打印账页
    Reservation Deposit　　　　　　　　　　　　　　查看预订押金情况
    Cashier Reports　　　　　　　　　　　　　　　　收银报表
    Post Covers　　　　　　　　　　　　　　　　　　服务费入账
48. Print Receipt　　　　　　　　　　　　　　　　　　打印票据
49. Zipped-Out　　　　　　　　　　　　　　　　　　　快速退房

Rooms Management 客房管理

1. Rooms Management　　　　　　　　　　　　　　　客房管理
    Housekeeping　　　　　　　　　　　　　　　　　房态管理
    Out of Order/Service　　　　　　　　　　　　　　维修房/暂停使用房
    Room Assignment　　　　　　　　　　　　　　　房型设置
    Room History　　　　　　　　　　　　　　　　　客房使用历史
    Overbooking　　　　　　　　　　　　　　　　　超额预订
    Occupancy Graph　　　　　　　　　　　　　　　客房占用图示
    Maintenance　　　　　　　　　　　　　　　　　客房维修
    Attendants　　　　　　　　　　　　　　　　　　清洁任务派工单
    Q-Rooms　　　　　　　　　　　　　　　　　　　客房清洁列队
2. Housekeeping　　　　　　　　　　　　　　　　　　房态管理界面显示信息
3. Room Status　　　　　　　　　　　　　　　　　　　房态
4. OCC：Occupied　　　　　　　　　　　　　　　　　住客房
5. VAC：Vacant　　　　　　　　　　　　　　　　　　空房
6. Clean　　　　　　　　　　　　　　　　　　　　　干净房
7. Dirty　　　　　　　　　　　　　　　　　　　　　脏房
8. Inspected　　　　　　　　　　　　　　　　　　　检查合格房
9. Touch Up　　　　　　　　　　　　　　　　　　　稍微整理房
10. VC：Vacant and Clean　　　　　　　　　　　　　 空净房
11. VD：Vacant and Dirty　　　　　　　　　　　　　　空脏房
12. OC：Occupied and Clean　　　　　　　　　　　　在住已清洁房
13. OD：Occupied and Dirty　　　　　　　　　　　　在住未清洁房
14. OO：Out of Order　　　　　　　　　　　　　　　 故障房/大修房
15. OS：Out of Service　　　　　　　　　　　　　　　暂时停用房
16. Reservation Status　　　　　　　　　　　　　　　预订状态

17. Arrival	预抵房
18. Arrived	已到店
19. Stay Over	过夜房
20. Due Out	预离房
21. Departed	已离房
22. Not Reserved	未预订房
23. Reserved	已预订房
24. Day Use	日用房
25. Room Information	客房详细信息
26. Statistics	房态信息统计
27. Quick-Action	批量修改房态
28. OO-OS	故障房设置
29. Room Assignment	房型设置界面显示信息
30. Assigned Rooms	已指定房型
31. Unassigned Rooms	未指定房型
32. TWN：Setup as Twin Room	设置为双人房
33. TRI：Setup as Triple Room	设置为三人房
34. QUA：Setup as Quad Room	设置为四人房
35. OFC：Setup as Office	设置为办公室
36. Discrepant Rooms	差异房
37. Skip	逃账房
38. Sleep	沉睡房
39. Attendants	清洁任务派工单界面显示信息
40. Housekeeping Credit	客房清洁任务量，一般叫当量
41. Housekeeping Section	客房区域
42. Split Screen	将屏幕分块，若选中此复选框(☑)，则屏幕分块显示客房服务员列表两次
43. Scope	查询客房服务员
44. Add Room	增加某一客房服务员的工作量
45. Delete Room	删除所选客房
46. Note & Name	输入客房服务员姓名和属性
47. Increase Credits/Decrease Credits	增加/减少某一客房当量
48. Locate Attendant	查找和高亮显示某一位客房服务员
49. Reorganize	重新组织客房服务员列表
50. New Attendant	增加新服务员
51. Locate Room	查找和高亮显示理想的客房
52. Restore Defaults	恢复至默认的客房设置状态

Miscellaneous 杂项

1. Today's Activities	当日业务

2. User Log File　　　　　　　　　　　　　　　　　　　　　　　　　　用户日志文件
3. Interfaces　　　　　　　　　　　　　　　　　　　　　　　　　　　　　接口
4. Telephone Functions　　　　　　　　　　　　　　　　　　　　　　电话功能
5. External Programs　　　　　　　　　　　　　　　　　　　　　　　外部程序
6. Reports　　　　　　　　　　　　　　　　　　　　　　　　　　　　报表功能
7. Show Quick Keys　　　　　　　　　　　　　　　　　　　　　　　显示快捷键
8. Gauf Export　　　　　　　　　　　　　　　　　　　　　　　　　　样本输出
9. Meal Plan Statistics　　　　　　　　　　　　　　　　　　　　　用餐计划统计
10. Easy Letter　　　　　　　　　　　　　　　　　　　　　　　　　　轻松写信
11. Release Reclock　　　　　　　　　　　　　　　　　　　　　　　释放重新计时

Night Audit 夜审

1. Preparation and Validation　　　　　　　　　　　　　　　　　准备和有效性检查
　　Arrivals not yet Checked-In　　　　　　　　　　　　　检查是否有应到未到客人
　　Departures not Checked-Out　　　　　　　　　　　　　检查预离未离的客人
　　Canceled Reservations　　　　　　　　　　　　　　　　检查是否有取消的预订
　　Undelivered Messages　　　　　　　　　　　　　　　检查各部门未接收的信息
　　Weather and Notes　　　　　　　　　　　　　　　　　　　当日天气与注释
　　Define Reports　　　　　　　　　　　　　　　　　　　　　检查夜审报表定义
2. Limiting Access　　　　　　　　　　　　　　　　　　　　　　　　　限制访问
3. More Validation　　　　　　　　　　　　　　　　　　　　　　　　　更多验证
　　Missing Country Codes　　　　　　　　　　　　检查在店客人档案中是否缺失国籍代码
　　Close Cashier　　　　　　　　　　　　　　　　　　　　检查收银员是否关账
4. Main Section　　　　　　　　　　　　　　　　　　　　　　　夜审主要流程部分
　　Roll the Business Date　　　　　　　　　　　　　　　　系统更新到新的一天
　　Posting Room and Tax　　　　　　　　将客人的房费和固定费用等过账到客人账户中去
　　Run Additional Procedures　　　　　　　　处理夜审需要完成的其他一些功能
　　Print Final Reports　　　　　　　　　　　　　　　　　　　打印夜审报表
5. End of Limited Access　　　　　　　　　　　　　　　　　　　　结束限制访问
6. Background Processing　　　　　　　　　　　　　　　　　　　　　后台处理
7. Finish Night Audit　　　　　　　　　　　　　　　　　　　　　　　　结束夜审

附录4　客房及客人状态变化图

1. 客房状态(Room Status)变化图

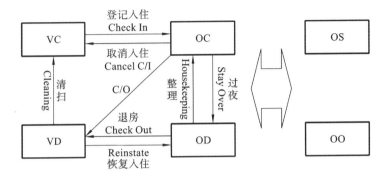

VC：空净房　　VD：空脏房
OC：住客净房　OD：住客脏房
OO：故障房　　OS：小修房

2. 客人状态(Guest Status)变化图

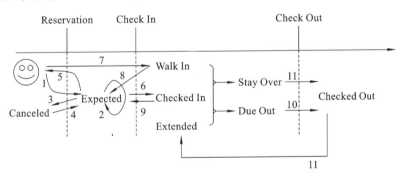

1. New Reservation　　　2. Edit Reservation
3. Cancel Reservation　　4. Reactivate
5. Delete　　　　　　　 6—7. Arrivals(抵店)
8. Cancel C/I　　　　　 9. Check Out
10. Early Departure　　　11. Reinstate

参考文献
References

[1] 李宏,张胜男.酒店管理信息系统(PMS)Sinfonia 实训手册[M].北京:电子工业出版社,2021.
[2] 穆林.酒店信息系统实务[M].上海:上海交通大学出版社,2011.
[3] 章勇刚,沙绍举.酒店管理信息系统:Opera 应用教程[M].北京:中国人民大学出版,2019.
[4] 许鹏,梁铮.酒店管理信息系统教程实训手册[M].3 版.北京:中国旅游出版社,2021.
[5] 陈为新,黄崎,杨萌稚.酒店管理信息系统教程:Opera 系统应用[M].北京:中国旅游出版社,2012.
[6] 陈文力.酒店管理信息系统[M].北京:机械工业出版社,2012.
[7] 袁宇杰.酒店信息化与电子商务[M].2 版.北京:北京大学出版社,2014.
[8] 张胜男,何飞,李宏.酒店管理信息系统[M].武汉:华中科技大学出版社,2019.

配套教学视频资源说明

本教材为福建省职业教育精品在线开放课程"酒店信息系统"配套教材。本教材的教学视频主要内容为实训任务操作。包含如下：

章节	名称	页码
实训前导　认知酒店管理信息系统	酒店信息系统课程介绍	
	酒店前台管理系统认知	
实训1　Sinfonia PMS 系统概览	Sinfonia 登录、主界面概览	
	Sinfonia 日期与 Windows 系统日期	
	Sinfonia 的用户权限	
	Sinfonia 的快捷键	
实训2　档案管理	个人档案的新建、查找与修改	
	其他类型档案的建立、修改	
	档案的删除与合并	
	市场销售总监的报表	
	档案管理	
实训3　散客预订	预订与个人档案查阅	
	协议客人的预订	
	各种各样的预订	
	打印预订报表	
	散客预订	
实训4　散客预订进阶	多人预订、多次预订和客户识别	
	预订的修改、取消、删除和激活	
	生成预订报表	
	比尔·汤姆森(Bill Tomson)的预订与修改	
	询问与预订工作	
实训5　预订中费用的处理	预订中的分账收费	
	预订保证金的收取	
	拼房与陪同	
	预订中费用的处理	

续表

章节	名称	页码
实训6 团队预订	散客成团(Party)操作	
	标准团队(Group)预订	
	配额团队(Block)预订	
	旅行社团队订房操作	
实训7 接待入住	基本入住(预订日入住、提前入住、无预订入住)	
	房间的分配与选择	
	打印在店客人报表	
	接待入住	
实训8 在店客人	取消入住和换房	
	固定费用(Fixed Charge)与分账(Routing)操作	
	消息(Messages)和工作日志(Traces)	
	生成跟踪报表	
	在店客人	
实训9 收银与结账离店	收取入住押金与抛账(Posting)	
	夜审与正常结账离店	
	打印收银报表	
	收银与结账离店	
实训10 转账与结账离店	转账与结账离店(账目调整与拆账)	
	转账与结账离店(直接转移账目)	
	转账与结账离店(批量转移账目)	
	转账与结账离店(结余转移和打印销售收入报表)	
实训11 高效抛账与付账操作	散客入住、固定费用与批量抛账	
	提前付账与手动抛账	
	抛账方式比较	
	夜审、结账与离店	
	收入统计报表	
实训12 夜审与客房管理	客房管理与房态转化	
	客房管理与房态转化	
	客房收入报表	

为保证本教学视频资源仅为教材使用者所得,我们将向本教材使用者免费赠送教学视频,请使用者通过加入旅游专家俱乐部QQ群(群号:758712998)方式与我们联系,或者与本教材策划编辑汪杭(电话同微信:15994235797)联系。

教学支持说明

为了改善教学效果,提高教材的使用效率,满足高校授课教师的教学需求,本套教材备有与纸质教材配套的教学课件(PPT电子教案)和拓展资源(案例库、习题库、视频等)。

为保证本教学课件及相关教学资料仅为教材使用者所得,我们将向使用本套教材的高校授课教师赠送教学课件或相关教学资料,烦请授课教师通过电话、邮件或加入旅游专家俱乐部QQ群等方式与我们联系,获取"教学课件资源申请表"文档,准确填写后反馈给我们,我们的联系方式如下:

地址:湖北省武汉市东湖新技术开发区华工科技园华工园六路

邮编:430223

电话:027-81321911

传真:027-81321917

E-mail:lyzjjlb@163.com

旅游专家俱乐部QQ群号:758712998

旅游专家俱乐部QQ群二维码:

群名称:旅游专家俱乐部5群
群　号:758712998

电子资源申请表

填表时间：_____年___月___日

1. 以下内容请教师按实际情况填写，★为必填项。
2. 相关内容可以酌情调整提交。

★姓名		★性别	□男 □女	出生年月		★职务	
						★职称	□教授 □副教授 □讲师 □助教

★学校		★院/系	
★教研室		★专业	
★办公电话		家庭电话		★移动电话	
★E-mail			★QQ号/微信号	
★联系地址			★邮编	

★现在主授课程情况	学生人数	教材所属出版社	教材满意度
课程一			□满意 □一般 □不满意
课程二			□满意 □一般 □不满意
课程三			□满意 □一般 □不满意
其 他			□满意 □一般 □不满意

教 材 出 版 信 息		
方向一		□准备写 □写作中 □已成稿 □已出版待修订 □有讲义
方向二		□准备写 □写作中 □已成稿 □已出版待修订 □有讲义
方向三		□准备写 □写作中 □已成稿 □已出版待修订 □有讲义

　　请教师认真填写下列表格内容，提供申请教材配套课件的相关信息，我社将根据每位教师填表信息的完整性、授课情况与申请课件的相关性，以及教材使用的情况赠送教材的配套课件及相关教学资源。

ISBN（书号）	书名	作者	申请课件简要说明	学生人数（如选作教材）
			□教学　□参考	
			□教学　□参考	

★您对与课件配套的纸质教材的意见和建议有哪些，希望我们提供哪些配套教学资源：